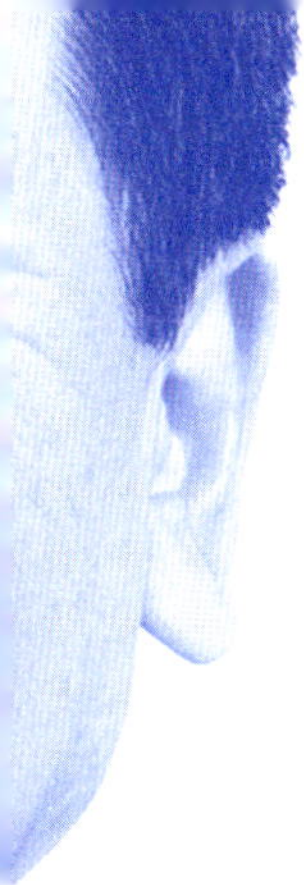

素志を貫く

枝野幸男インタビュー集

枝野幸男
尾中香尚里【著】

現代書館

はじめに

尾中香尚里

2024年秋。日本の政治は大きな変化の局面を迎えた。まず9月、自民党総裁選と、野党第1党・立憲民主党の代表選が、同時期に行われた。自民党の裏金問題などで国民の大きな批判を浴びた岸田文雄首相が総裁選への不出馬を表明し、総裁選は「次の首相選び」と化した。前回の衆院選（2021年10月）から約3年が経ち、新首相が「ご祝儀相場」の中で衆院解散・総選挙に踏み切るのは確実な情勢だった。

一方、次期総選挙での政権交代を目指す立憲民主党の代表選も「選挙の顔＝政権交代後の「新首相」選び」となった。両党のトップ選びは、近づく総選挙への事実上の「準決勝」となった。

自民党は9月27日、石破茂氏が高市早苗氏との決選投票に勝ち、10月1日に新首相に就任。立憲民主党は9月23日、野田佳彦氏が枝野幸男氏との決選投票を経て新代表に選ばれた。石破氏は10月9日、首相就任から8日後という戦後最短ペースで衆院を解散。総選挙は15日公示、27日投開票の日程で行われた。

なるほど、接近戦か。筆者は微妙な思いでこの選挙を眺めていた。

自民党は「党内野党」と呼ばれていた石破氏を選び、野党支持層への「抱きつき」を図った。立憲民主党は、保守派とされる野田氏を代表に選び、自民党に批判的な同党支持層の「引きはがし」を狙った。選挙戦術としては正しいかもしれない。

しかし、筆者は長い間、総選挙に「社会像の選択」という役割を求めてきた。政権与党と野党第1党がそれぞれの「目指す社会像」を掲げ、どちらの社会が良いか有権者に選んでもらう。そんな本来の選挙戦が、若干かすんだ感は否めない。

政治改革は喫緊の課題だが、問題はその後だ。自民党が進めてきた「国民に自己責任を強いた政治」は、日本の社会と経済にどんな弊害をもたらしたのか。立憲民主党が政権与党になったら、自民党とは違うどんな社会の構築を目指すのか。そのためにどんな政策を使うのか。立憲民主党が語るべきなのはここだ。

「この道しかない」とうたう政権与党に対し「違う道がある」と選択肢を示すのが、政権交代を目指す野党第1党の責務である。ここで党内の認識が共有できていなければ、立憲民主党が政権を獲得しても、政治改革や政権交代の熱に浮かれて目標を達成した途端、目的を見失い瓦解した「非自民」細川連立政権や民主党政権と同じ轍を踏みかねない。

筆者は2023年に発表した前著『野党第1党〜「保守2大政党」に抗した30年〜』（現代書館）で、衆院に小選挙区比例代表並立制が導入されて以降の野党の変遷を振り返っている。内容はおおむね以下のようなものだ。

選挙制度改革によって、野党は自民党と1対1で戦うため「大きくまとまる」ことが求められた。結果として誕生した野党第1党・民主党は、自民党離党組から社会党出身者までが集まる「寄り合い所帯」となり、党が何を目指すのかが見えにくくなった。

しかし、希望の党騒動で旧民主党勢力が文字通り「バラバラ」になり、その過程で枝野氏が結党した立憲民主党が新たな野党第1党となった。野党が立憲民主党を主軸に再びまとまっていく過程で「自己責任を強いる新自由主義的な社会を終わらせて『支え合いの社会』をつくる」という政治理念、目指す社会像について一定の共有が図られ、野党の「バラバラ感」が相当程度払拭されると同時に、新自由主義的性格を強める自民党との対立軸も明確になっていった。

小選挙区制度が本来意図していたはずの「有権者が目指す社会像を選挙で選ぶ政権選択選挙」の形が、制度導入から30年を経て、ようやく見えてきた。政権交代はあるが対立軸がない「平成の政治」を脱却し、「令和の政治」への扉が開かれようとしている。

筆者はこの30年の流れをこのように受け止めており、だからこそ、枝野氏の立憲民主党結党と、同党の野党第1党への躍進を高く評価していた。

しかし、永田町全体、特にメディアや政治分野の学識者などの間には、今なお「平成の政治」への回帰を求める傾向が強いように思える。

政権交代を実現するために、野党は目指す社会像のいかんにかかわらず一つにまとまらなければいけない。そして、政権担当能力を身につけるためには、野党は保守政党でなければならない——。そんな無言の圧力が、野党にはこの30年間、常にかかり続けてきたし、それは今も消えてはいない。枝野氏が立憲の代表を辞任して以降、新自由主義的要素の強い野党第2党・日本維新の会が必要以上に持ち上げられ「立憲から野党第1党の座を奪う」という無理筋の「煽り」が行われたのも、こうした流れの一つと言えるだろう。

立憲の党勢が緩やかに回復するとともに、無理やりな「維新上げ」は影を潜めていったが、今度は立憲に対する外野からの「注文」が喧しくなってきた。「立憲は維新や国民民主党と組み、共産党を切り捨てて「大きな塊」として自民党に対峙すべきだ」。聞きようによっては「他党と組ませる」ことで立憲のありようを変質させ、野党陣営を「平成の政治」で散々喧伝された「非自民・非共産の改革保守勢力」へと、再び衣替えさせようとしているかのようだった。

ここへ来て日本の政治の構図を、改革に浮かれた30年前に引き戻そうというのか。筆者は暗澹たる思いを抱いた。

こんな時こそ「令和の政治」の原点を思い起こすべきではないか。立憲の創設者である枝野氏が語ってきたことに、改めて耳を傾けるべきではないのか。

筆者は毎日新聞政治部の記者時代から、民主党時代の枝野氏を長く取材してきた。枝野氏が立憲民主党を結党し、さらに筆者が新聞社を離れた後も、折に触れて枝野氏へのインタビューを行ったり、対談でご一緒したりする機会があった。

これらの言葉を一つにまとめ「立憲民主党とは何者なのか」を考えていただくきっかけにしたい、というのが本書執筆の動機だった。

企画段階で枝野氏自身が党の代表選に立候補することも、ましてや本書発売までの間に総選挙が終わり、「自公が過半数割れ」という歴史的な結果となることも考慮できていなかった。しかし、選挙結果にかかわらず、枝野氏がこの政党を結党した当事者であることは変わらず、ここで語られている言葉が古びたものになることはないと考えた。代表選を終えた枝野氏へのインタビューも、最後に収録させていただいた。

素志を貫く　枝野幸男インタビュー集

目次

第1章
立憲民主党とは何者なのか

枝野幸男

「もう一つの日本」への青写真

2023年8月9日

「枝野幸男」と「菅直人」は体質が違う

今年（2023年）で政治家生活30周年を迎えました。ついこの間、初当選したばかりのような気がします。「あっという間だったな」という印象です。

30年間の仕事の中で、政治家としての今の私を形作ったのは、新人議員時代に取り組んだ薬害エイズ問題です。あの時は「自社さ」の橋本政権で、私はさきがけ所属の与党議員でした。（危険な非加熱製剤を多くの血友病患者に投与し、HIVに感染させてしまった）製薬会社や厚生省（現厚生労働省）の追及はもちろんでしたが、被害者の皆さんのニーズに応えてどう現実を動かすか、という仕事に、1年生議員として取り組みました。「言う（問題を追及する）だけでは済まされない」仕事です。それを、あれほど国民の注目を集めた大きな仕事でいきなりやらせてもらえたことが、その後（の政治家人生）に大きく影響していると思います。

私は30年間、良くも悪くも「与党体質」です。野党にいる時も「どうしたら結果を動かせるか」ということを、強く意識していました。

薬害エイズ問題に一緒に取り組んだ菅直人さん（当時厚相、後に首相）は市民運動から政界に入り、キャリアを重ねたところで結果を出しましたが、私は初めから「運動」「要求」という世界とは違う生まれ育ちをしてきました。ここが菅さんとの決定的な違いだと思いますが、それは私の利点であり、弱点でもあります。政治は権力闘争の側面もあるので、もっと野党的に割り切れた方が楽なことは多いかもしれないですね。

2021年に立憲代表を退いた二つの理由

2017年に立憲民主党を結党し、衆院選を経ていきなり野党第1党となりました。代表として2021年の衆院選を戦いましたが、議席を減らし、代表を辞任しました。

辞任の理由は二つあります。

ひとつは、立憲民主党は野党第1党、つまり「公器」になりました。「公器」としての役割を果たすためには「枝野個人商店」と呼ばれる状況から脱しなければいけない、と考えたのです。結党してから私がずっと代表を続けていれば、そういう揶揄《やゆ》から逃げられません。どこかで一度は私が引いて、他の人が代表を務める必要があります。いいタイミングだと思いました。

もうひとつは2017年に立憲民主党が、希望の党騒動という経緯のなかでバタバタと結党され、さらに「一度の選挙で最大野党になる」という想定外のことが起きてしまったため、私自身いろいろな「準備」が整っていませんでした。というより、それまでの「準備」では足りなくなったのです。

準備とは「首相になる準備」のことです。私は、立憲民主党の結党直前にあった民進党代表選（2017年9月）に立候補しているので、その時点で首相になる準備自体はできているつもりでした。でも、立憲民主党という新しい「器」を政権政党に育てるための準備と、私自身のさらなるインプットが必要だと考えました。

それは結党の時から訴えてきた「草の根民主主義」であり「ボトムアップの政治」の実践です。草の根の皆さんの声に耳を傾けることを、代表の仕事と両立させるのには限界がありました。

サイレントマジョリティーの声を聴く

代表を辞めた後、この2年近くの時間は、そのインプットの部分にかなりエネルギーを注いできました。非常に有意義な時間を過ごせたと思っています。

常に意識していたのは「サイレントマジョリティーの声に耳を傾ける」ことです。代表をやっていると「ノイジーな意見」はたくさん聞けます。非常に声の大きい、特定の意見が、どうしても耳に入りやすいのです。

でも、政治に対して積極的に声を上げられない人たちがいます。政治と、自分の抱えている問題が、つながっていることに気づいていないのです。そういう人たちの声をいかに感じるか、ということを、一貫して意識してきました。

例えば地方の視察で、質疑応答の時間があります。代表時代もゼロではありませんでしたが、ものすごく慌ただしい。今なら30分とか1時間とか、長い時間が取れます。

大事なことは、実際に意見を言ったり、質問したりする人たちだけではありません。それ以上に大切なのは「その人たちの意見や質問を聞いている人たちがどんな反応をしているのか」を見ることです。そこにサイレントマジョリティーの声があると思います。

そんな中で感じたことは、三つあります。

「政権交代」だけではもはや国民には響かない

ひとつは、多くの国民は今の政治を肯定していないこと。国会では自民、公明の与党が圧倒的多数だし、また日本維新の会に勢いがあると言われていますが、ほとんどの人はそんな政治に納得していない。みんな現状にいら立ち、諦めてしまっています。

二つ目は、「政権交代」という言葉はなかなか響かない、ということ。あれは2009年(民主党政権の誕生)で終わったのです。

「自民党政権はダメだから、政権交代しよう」ということで、2009年に民主党政権が誕生しました。でも、民主党が期待に応えきれなかったのは間違いありません。

今は永田町以上に、国民の方が「ただ政権が代わればいい、というものではない」ことを、よくわかっています。だから「政権交代」だけを掲げても、全く反応しません。

では求めているのは何か。それが三つ目に感じたことなのですが、国民が不満を抱いている本質は、目の前の一つひとつの政策課題についてではない、ということです。

例えば今だったら「紙の保険証の廃止に反対」という声があります。でも、単にそのことに対応すればそれでいいのか、というと、そうではありません。国民は、保険証問題に象徴される社会構造にいら立っているのです。だから、個別のテーマに振り回されても、国民のニーズに応えたことにはなりません。

国民が求めているのは各論ではなくビジョン

もちろん（紙の）保険証廃止のような個別のテーマもやらなければいけませんが、単発の問題に一つひとつパッチワークのように対応するだけでは、国民の期待は集まりません。「この国全体をどうしてくれるのか」という問いに、自民党は答えていないし、われわれも答えを伝えきれていません。だから国民は自民党に不満を抱いているし、一方でわれわれがいくら「政権交代」を叫んでも反応しません。

国民が求めているのは各論ではなく、理念であり、ビジョンなのです。

私は立憲民主党の結党以来、理念やビジョンを語ることの大切さを強く訴えてきました。2021年には『枝野ビジョン　支え合う日本』（文春新書）という著書も発表しました。でも、それらは私が期待したほどには伝わっていませんでした。発信の仕方に問題があったのです。

理念を訴えることを、もっと徹底しなければいけなかった。それが、代表を辞めた後の2年間の実感であり、反省点です。

「私たちは何者なのか」ということ、つまり党のアイデンティティー、理念やビジョンを、もっともっと繰り返し強く発信しないといけません。

こういうことは既存のメディアではなかなか取り上げられません。報道は「新しいこと」を追うのが仕事なので、同じことを繰り返し言っても、ニュースにはならないのです。

それでも、例えばテレビのニュースで発言が15秒くらいで切り取られる時、そこで使われやすいフレーズを、普段から繰り返し使っていかなければいけませんでした。

われわれがこれまで掲げてきた理念そのものが間違っていたとは思いません。伝える手段、伝える能力、伝える意欲に問題があったと考えています。

党名にも掲げた「立憲主義」とは何か

そもそもわが党は、党名こそが理念そのものです。立憲民主党。党の綱領も「立憲主義」という言葉から始まります。ものすごく分かりやすい。

ただ「立憲主義」という言葉には多くの意味が含まれているし、国民の間にも十分に知られた言葉ではありません。「立憲主義とは護憲のことだ」と勘違いしている人もいます。「われわれの基本理念は立憲主義」と言うだけでは足りないのです。

では、立憲主義とは何か。それは「個人の尊厳」と「健康で文化的な生活」の2点です。日本国憲法の13条と25条です。

われわれは一人ひとり、他人に迷惑をかけない限り自由であり、自らの価値観に基づいて生きられる。この憲法13条こそが日本国憲法の基礎です。さらに、政治が国民に対して、健康で文化的な生活を保障しなければならない。これを明記したのが25条です。生活保護や教育の無償化など、国民の生活を下支えすることに政府が責任を持つという考え方は、この条文から出ています。

全ての国民は個人として尊重され、健康で文化的な生活を営む権利を持っている。このことを実現することがわれわれ、立憲民主党の存在意義であり、理念です。

自民党は憲法改正を主張していますが、つまり今の憲法の「価値」を変えたいんだと思います。現行憲法がうたう「個人の尊重」という理念は、自民党のそれとは明確に違う。自民党が目指す個々の政策を見ても、個人よりも家族、家族よりも企業、そして何よりも優先されるのが国家です。

立憲民主党は「国家を構成しているのは個人なのだから、個人を大事にしなければ、国を大事にすることにはならない」という考えに立ちます。自民党とは明確に価値観が違うと思います。

❖日本国憲法第十三条

すべて国民は、個人として尊重される。生命、自由及び幸福追求に対する国民の権利については、公共の福祉に反しない限り、立法その他の国政の上で、最大の尊重を必要とする。

❖日本国憲法第二十五条

すべて国民は、健康で文化的な最低限度の生活を営む権利を有する。

② 国は、すべての生活部面について、社会福祉、社会保障及び公衆衛生の向上及び増進に努めなければならない。

いかにして「まっとうな未来」をつくるか

こうした理念に基づき、どんな社会を目指すのかというビジョンですが、やはり、われわれが結党当時から訴えている「まっとうな政治」という言葉に行きつくと思います。でも「まっとうな政治」は、目指すべき社会をつくるための前提条件に過ぎません。

われわれが目指すのは「まっとうな政治」を行うことで「まっとうな社会」と「まっとうな経済」を取り戻すこと。「まっとうな社会」「まっとうな経済」「まっとうな政治」の三つによって「まっとうな未来」をつくることです。

では「まっとうな社会」とはどういう社会なのか。それが「支え合う社会」です。ここで言う「支え合い」は「あなたと私が個人で支え合う」こととは違う。「政治の力で公共サービスを充実させ、社会全体で互いに支え合う」ことです。

「まっとうな経済」とは、安心を生み消費を活性化させる経済です。富の再分配によって公共サービスの担い手を支えることで、国民一人ひとりが安心して暮らすことができ、結果として消費を生み出し、お金を循環させることができます。「まっとうな社会」と「まっとうな経済」がつながるのです。

そして、公共サービスを充実させるには、政治に対する信頼を取り戻すことが欠かせません。今は国政も地方政治も、議会によるチェック機能が働かなくなり、お金の流れが見えなくなっています。政策決定のプロセスを透明化して、議会のチェック機能を回復させることで、公正で信頼できる「まっとうな政治」を取り戻さなければなりません。

「まっとうな政治」がベースになければ、富を再分配するために今大きく稼いでいる国民から税金をいただくことはできませんからね。

社会は変わり続けているのに政治が「昭和」のまま

私が政治家として過ごしてきた30年は、平成の30年間とほぼ一致します。この時代は戦後復興から高度成長という「昭和の社会」が変質してしまったのに、政治がそれについて行けず右往左往した時代でした。その状況は現在、さらに深刻になっています。「昭和」を終わらせないといけません。

平成の時代に社会はどう変わったのでしょうか。

まず国内では、人口が急激に増えた時代から、急激な人口減少社会に転換しました。国際的には、急激な気候変動と権威主義の台頭によって、私たちが国際社会の安定に依存することができなくなりました。

自民党も問題は認識していると思いますが、人口減少には人口問題、気候変動には温暖化問題というように、個別の課題ととらえてパッチワークのような対応しかしていません。

自民党は「見たくない現実」から目を背けている

これらに加えてあと二つ指摘したい。ひとつは高度経済成長が終わり、経済が成熟化していること。もうひとつは急速な核家族化と都市化です。これらについては、自民党は問題を自覚していないとしか思えません。「見たくない現実」なのかもしれませんが。

後者の二つについて、もう少し説明させてください。

経済が成熟化したということは「大量生産で大きく稼ぐ」のが困難になった、ということです。大量生産、大量消費を前提に、国際的な価格競争で稼ぐのは、古い「昭和」の途上国型モデルです。

にもかかわらず自民党は、相変わらず重厚長大、大量生産、大企業を中心に国が回ると勘違いしています。だから国内消費のウエートが高まっているにもかかわらず「人件費を下げなければ国際競争に勝てない」といって、労働者の賃金を抑制し、国民の購買力を失わせてきました。

世の中が変化したのに、打ち出す政策がその変化に合っていないから、よりひどい状況になる。だから少子化も加速するのです。

急速な核家族化と都市化についても、自民党は現実を見ようとしていません。

今や家族や親戚、隣近所といった「身近な支え合い」は、やりたくてもできない状態になっています。自民党は「家族が支え合うべきだ」と主張していますが、価値観の善しあし以前に、もはやそんなことは不可能です。

政治家の仕事とは、国民が「見たくない」と目を背けている現実に気づき、対応することです。「見たくない現実」だからといって、社会の変化から目を背けて、いまだに「東京五輪や大阪万博をやれば景気が良くなる」などと発想しているのは、政治家失格なのではないでしょうか。

維新はなぜ台頭したのか

日本維新の会が台頭していると言われるのは、「何をやりたいのか」がイメージしやすいからだと思います。「身を切る改革」「小さな政府」は、中曽根行革以来、日本の政治でずっと追い求められていて、特に中曽根行革は「成功」と受け止められました。「小さな政府は正しい政策」という刷り込みが、40年も続いているのです。

平成の政治とは、中曽根行革以来の「小さな政府」、民営化と自己責任、そして「身を切る改革」は正しいことだ、という昭和の終わりの成功体験を引きずったまま、対抗する選択肢を示しきれなかった政治です。

立憲民主党の方向性は真逆です。「まっとうな政治」を前提に公共サービスを充実させて「まっとうな社会」「まっとうな経済」をつくり、「まっとうな未来」につなげていきたいと考えています。

公共サービスが「いつでも安価」に手に入る社会

「まっとうな社会」のイメージは「どんな人でも困った時に、すぐに必要なサービスを手に入れられる」ことです。保育を例に取れば「子供を預けたい」と思ったら、どんな人でも少ない負担ですぐに預けられる、ということです。

そのためには保育所や、保育に携わる人材を増やす必要があります。でも、利用料金が高ければ、サービスの恩恵を受ける人は限られてしまいます。

立憲民主党は今年取りまとめた「もっと良い「子ども・子育てビジョン」」の中間報告で、「幼児教育・保育から高等教育までの教育の無償化」「公立小中学校の給食の無償化」を打ち出しています。

公共サービスとしてイメージしやすいのは保育、医療、介護などですが、私はさらに「教育」「交通」「住宅」も加えたい。生きていくのに不可欠なものだからです。

例えば教育。大学に行くのに多額の借金（奨学金）が必要なのは、教育が公共サービスとして提供されていないからです。高等教育を公共サービスと位置づけます。

それから交通。高齢化が進み、自分で運転できなくなった人が増えた時、こういう人たちの移動の自由を守るのは、公共サービスであるべきです。高齢者がバスに乗る時に無料パスを発行している自治体がありますが、ほかに「病院に通うタクシーの無料券を発行する」という考えもあります。

さらに住宅です。中曽根行革以来、公共住宅はどんどん減らされています。新たに公共住宅を建てなくても、行政が既存の住宅を借り上げて、生活保護の人などに安価または無償で提供すればいい。

実は災害対策も公共サービスです。例えば、首都直下型地震が起きた時、首都圏の何千万人もの人たちが1週間程度は生活できる「備え」を用意する。これは公共サービスです。「公共」の概念は広がっています。「小さな政府」では、災害の時に自己責任を求められ、とても生きていけません。このことを国民の皆さんに知ってほしいです。

食料自給や再生可能エネルギー普及は「未来との支え合い」

保育所や大学や公共交通や住宅を公共サービスとして提供するのは、つまり「今を生きる人同士の支え合い」と言えます。

でも「支え合い」が意味するものはそれだけではありません。地球環境と国際情勢の変化によって、将来、戦争や気候変動で食料やエネルギーを調達できなくなるかもしれません。

こうした事態に備え、持続可能な暮らしを守るための営みを「新しい公共サービス」と位置づけて国が支援する必要があります。食料自給率を高める一次産業の下支えや分散型再生可能エネルギーの普及促進などです。これは「未来との支え合い」と言えます。

食料危機は起きないかもしれません。でも備えておかないと、いざという時に間に合いません。「火事は起きないかもしれない」からといって、消防のシステムを用意しない、なんてことはありませんよね。それと同じことです。

こういう施策は市場に任せると採算が合いません。採算が合わなくても必要なことは、政府が公共サービスとして行うべきなのです。

消費が伸びれば増税せずとも税収は伸びる

「まっとうな経済」についてお話しします。

経済を伸ばすためには、国民の購買力を高める必要があります。最低賃金の引き上げなどは欠かせませんが、その前に企業の売り上げ、収益が伸びていないと、民間企業は簡単に賃金を上げることはできません。先に経済を成長させないといけないのです。「ニワトリと卵」のようなものですね。

　ではどうしたらいいのか。公的なサービスを担う人たちの賃金を上げるのです。保育士や介護職員、看護師の人件費の大半は税金などの公的資金。この人たちの賃金は、政治が決めれば上げることができます。ここに税金を使うのです。

　市役所の多くや公立の小・中学校の先生まで非正規職員化が進んでいます。この人たちの正規化を進めて待遇を上げることも、政治の判断でできます。こうした賃金の上昇分は間違いなく消費を増やすことにつながり、経済が回っていくきっかけになります。

　先ほど「公共サービスの充実によって支え合いの社会を目指す」と言いました。そのためにはもちろん、一定の税収が必要になります。

　でも、国内で消費が伸びれば、消費税の税率を上げなくても、税収は伸びます。国民の所得が上がっているのだから、所得税の税収も増えるでしょう。

　その意味で、安倍晋三元首相が「増税の前に景気を良くする」と言ったことは正しい。ただ「アベノミクスでは結局、景気は良くならなかった」ということです。

　われわれは消費を伸ばすために、国民の購買力、可処分所得を増やすことを重視します。そのために、公共サービスの担い手である非正規雇用の人や低賃金の人の賃金を上げることを訴えているのです。

「株価が経済の先行指数」は過去の話

「支え合いの社会」の実現に向け、私は以前から、富裕層や超大企業に応分の負担をお願いして、再分配機能を強化することを主張してきました。具体的には金融所得課税の強化や、税を納めるのを回避している人たちへの取り締まりの強化です。この考えは今も変わっていません。

私たちが「金融所得課税の強化」を言った時、岸田文雄首相がこれをまねようとして、結果として株価が大きく下落しました。岸田さんはそれ以来、金融所得課税の強化をすっかり言わなくなってしまいました。

われわれが金融所得課税を言っても同じことが起きるかもしれませんが、私は「株価が下がっても仕方がない」と考えます。「株価が高い社会を選ぶのか、病気になっても生きていけるような誰もが安心して暮らせる社会を選ぶのか」ということです。

「株価が経済の先行指数」という話は、完全に終わっています。今はすごい株高ですが、経済状況がいいとは全く言えません。それに今の株高の原因は、日銀が株を買い支えていること。株価が高い分、円が安くなっているのです。

大部分の国民にとっては、株価が下がっても円が高くなった方が幸せなはずです。海外からの輸入品の価格が下がるんですから。何より、原油価格が下がります。もし1ドルが100円になったら、物価は大きく下がりますよ。

「消費減税」は富裕層から目を背けるためのワナ

私はこのことを堂々と言いたい。「株価を取るか、為替を取るか」です。私は為替を取ります。金融政策を駆使することで、もっと円を高くします。

公的資金を使って株価を買い支えるのは、富裕層への優遇策です。その結果円が安くなり、輸入品の多い生活必需品の値段が上がり、所得の低い人たちに負担がかかっているのです。株価が下がっても円を高くして、物価を下げなければなりません。

経済政策というとすぐに「消費減税」が注目されますが、これは富裕層が、自分たちにとって不都合なことに焦点が当たらないようにするために、消費税に注目が集まるようにしている、と私は考えています。

減税を言う前に、まず「税金を適正に払っていない人たちに応分の負担をしてもらう」べきです。「取る」話から逃げてはいけません。

公的な仕事を委託された民間企業は「公務員並み」に

最後に「まっとうな政治」です。政治への信頼がなければ、ここまで説明してきたような「支え合う社会」や経済のシステムを機能させることはできません。

最近5年から10年で明確になったことは「民営化」とか「民間委託」はもう時代遅れだ、ということです。行政がやるべきことを民間に委託しているため、議会のチェックが働かなくなり、無駄や利権が生じています。コロナ禍の時の持続化給付金事業が電通に丸投げされ、再委託や外注が繰り返された話は、その典型です。

情報公開と公文書管理を抜本的に強化する必要があります。給付金を配るような公的な仕事を民間企業に委託するなら、その企業は公文書管理法と情報公開法の対象にして、担当幹部は役所の局長と同様、政府参考人として国会に出席する義務を課すべきです。

「令和の鈴木貫太郎」になりたい

立憲民主党の代表を辞任して約2年。この間、自分なりに新たな学びがありました。党運営については今の執行部には口を出さない考えでいますが、結党の経緯を考えれば、党の理念やビジョンを発信する役割は、私にもあると思います。そのことへのニーズもあるようですし。

今後は積極的に、立憲民主党の理念と、目指す社会の姿について発信する責任があると、強く思っています。

政治家として30周年を迎え、今後の自分の役割を考えることがあります。それは、高度成長を前提とした時代の政治を終わらせて、次の時代の扉を開くことです。よく「総理大臣になる気はあるのか」と聞かれるのですが、その意味で私は「令和の鈴木貫太郎」になりたいと思っています。

初出：プレジデントオンライン　2023年8月29日・30日掲載を改題・加筆修正

第1章の解説

尾中香尚里

最初にご紹介したのは、2023年8月にプレジデントオンラインで行った単独インタビューである。

枝野幸男氏は2017年に立憲民主党を結党して以降、自らの目指すべき社会像と、それに基づく基本政策をまとめた「ビジョン」を、計3回発表している。最初は、2021年に文春新書の著書という形で発表した『枝野ビジョン』。最新のものが、2024年9月の立憲民主党代表選への立候補にあたり発表された「枝野ビジョン2024」だ。枝野氏は、両者の中間の時期にあたる2023年に「枝野ビジョン2023」を発表しているが、結果としてその「初出」となったのが、このインタビューということになる。

2023年は枝野氏にとって、衆院議員初当選（1993年）から30年の節目の年だった。結党以来38年間政権与党であり続けた自民党が初めて野党に転落し、前年に日本新党を結党した細川護熙氏を首相とする「非自民」政権が発足した年。その日本新党の1年生議員として、枝野氏の政治家人生はスタートした。

枝野氏と同世代であり、永田町でキャリアを積んだ期間もほぼ同じである筆者にとって「細川政権発足30年」は特に感慨深いものだった。そこで、日本新党出身の枝野氏に、この30年の歩みと、この間の日本の政治についての認識を語ってもらうことを企画した。インタビューが行われた8月9日は、奇しくも細川政権発足から30年を迎えた当日だった。

「政治家人生30年」の節目とは言え、この時期の枝野氏は、2021年秋に立憲民主党の代表を辞任してから2年近くが過ぎ、政治の表舞台から事実上姿を消していた。「枝野は何を考えているのか」「首相を目指すのは諦めたのか」。そんな声が党内外から聞こえ始めていた。

インタビューはそこに焦点を当てる狙いではなかったが、枝野氏は結果として、代表辞任とその後の2年間に自らが考えてきたことを、堰を切ったように語り始めた。できあがった記事は「30年を網羅した振り返り」とはやや趣が異なってしまったが、結果として、代表を辞任しメディアにほとんど注目されていなかった頃の枝野氏の考えを、ある程度まとまった形で聞くことはできたのではないかと思う。

インタビューにもあるように、枝野氏が代表辞任後の日々で感じたことは「野党がただ「政権交代」を言うだけでは、もう国民には届かない」こと、そして「国民が求めているのは、個別の政策課題の解決ではない」ことだったという。

枝野氏は「紙の保険証の廃止」（いわゆる「マイナ保険証」問題）を例に挙げ「問題への対応は必要だが、国民は保険証問題に象徴される社会構造にいら立っている」のだから「個別のテーマに振り回されても、国民のニーズに応えたことにはならない」と指摘した。これをもう少し普遍的なテーマで語るなら、「個別の問題」の例として分かりやすいのは「消費税減税」「憲法改正反対」「原発ゼロ」などだろう。多くのメディアはこれまで、国政選挙の時にはこうした個別のテーマを挙げて、その賛否で与野党の対立軸を作ろうとしてきた。

枝野氏はこれに強く異を唱える。インタビューでも「国民が求めているのは各論ではなく、理念でありビジョン」と力説した。

少子化対策、気候変動対策などといった個別の政策課題にパッチワークのように対処療法的な政策を用意するのではなく、「立憲民主党とはどんな社会を目指す政党なのか」「それは自民党の目指す社会とどう違うのか」を明確に提示した上で、どちらの社会が良いのか、選挙で有権者に選択してもらう。個別の政策テーマはいずれも、これらの「目指す社会像」を実現するために用意されるべきであり、選挙に勝つために「目指す社会像」とはズレのある政策を、国民受けを狙って前面に打ち出すようなことは、決してすべきではない。

そういう政治の姿を、枝野氏は求め続けてきたのだろう。

では、立憲民主党の理念とは何なのか。

インタビューで枝野氏は「全ての国民は個人として尊重され、健康で文化的な生活を営む権利を持っている。このことを実現すること」と語った。日本国憲法13条と25条の条文そのものである。野党第1党が掲げる「目指す社会の姿」が現行憲法そのものというところに、憲法改正を党是に掲げる自民党の政治がいかに現行憲法からかけ離れたものであるかを浮き彫りにしたい狙いもあるのかもしれない。

「現行憲法そのもの」というと少し風呂敷が大きすぎるが、もう少し分かりやすい言葉を探すと「政治の力で公共サービスを充実させ、社会全体で互いに支え合う」ということになるだろう。特に21世紀に入ってからの自民党政権が総じて進めてきた「小さな政府」「官から民へ（民間にできることは民間で）」を逆回転させ「公」の役割を再構築する、ということだ。

自民党政治のように「公」を切り捨てて「小さな政府」を目指す政治は、切り捨てられたセーフティーネットの機能を「家族」や「勤め先の企業」が肩代わりすることで成り立ってきた。例えば「高齢者の介護はその家の嫁が行うのが当然」（あえてこの表現を使う）ということだ。それは政治というより一つの価値観と結びついて、長く社会のありようを規定し、変化を妨げてきた。枝野氏は言う。

「今や家族や親戚、隣近所といった「身近な支え合い」は、やりたくてもできない状態になっています。自民党は「家族が支え合うべきだ」と主張していますが、価値観の善し悪し以前に、もはやそんなことは不可能です」

印象的だったのが、枝野氏が「公共サービス」の概念を拡大しようと考えている、ということだった。従来公共サービスとしてイメージしやすいのは保育、医療、介護だが、枝野氏はさらに「教育」「交通」「住宅」を挙げた。公教育も公共交通も公営住宅も、従来からあると言えばあるが、自民党政権のもとで切り捨てられてきた分野だ。ここを再生させようという。

枝野氏はインタビューで、さらに「災害対策」も挙げた。首都直下型地震が起きた時、首都圏の何千万人もの人たちが1週間程度は生活できる準備を行うことを「公共サービス」ととらえるのだ。

かなり驚いたのは、農林水産業をも「公共サービス」と位置づける考えを示したことだ。

「食料危機は起きないかもしれません。でも備えておかないと、いざという時に間に合いません。火事は起きないかもしれないからといって、消防のシステムを用意しない、なんてことはありませんよね。それと同じことです。こういう施策は市場に任せると採算が合いません。採算が合わなくても必要なことは、政府が公共サービスとして行うべきなのです」

もちろん賛否はあるだろう。しかし、特に第2次安倍政権以来「この道しかない」というスローガンが叫ばれ続けてきた政治の言論空間を、そろそろ見直すべき時なのではないか。

「この道しかない」を押しつけてくる政権与党に対し「本当にその道しかないのか?」と問い返し、議論を生むことを、私たちは決して忘れてはならない。そして、その役割を最前線で果たし「目指す社会像」の選択肢を常に提示し続けるのが、野党第1党たる立憲民主党の役割なのではないか。

枝野氏がこの1年後、批判を覚悟であえて2024年代表選に再挑戦したのは、そのことを党内外にもう一度思い起こさせたいという、強い思いがあってのことだったと考える。枝野氏の出馬は、メディアによって代表選の争点が「選挙の顔になりうるか」「どの政党と組むか」ばかりに矮小化される現状に反旗を翻し、同時期に行われた自民党総裁選まで含めて、選挙戦を「政治理念の戦い」に持ち込むための、渾身の一撃だったように思えてならない。

第2章

「政治改革」から30年　枝野幸男と野党第1党の歩み

尾中香尚里 著『野党第1党』をめぐる対話

2023年9月30日

枝野　お集まりいただいてありがとうございます。今日のゲストの尾中さんとは、もう30年近い付き合いになります。尾中さんには先日、プレジデントオンラインでインタビューしてもらい（本書第1章）、そこでお話ししたことを「枝野ビジョン２０２３」にまとめました。すると今度は、尾中さんが先ごろ『野党第1党』という本を出されました。

この本は、毎日新聞政治部の記者として現場で取材していた尾中さんが、政治改革が大きく叫ばれた１９９３年、つまり小選挙区制度が導入される少し前から現在に至るまでの、約30年にわたる野党の現代史について書いた本です。私は今年（２０２３年）で国会活動30年になりますが、私の議員としての活動の歩みとほぼ同じ期間のことが書かれているわけです。しかも私はこの間、大体4分の3を野党議員として過ごしてきました。この本はまさに、私の歩みを書いてくれた本だと言えます。

今日は野党の30年の歩みを、尾中さんの本の流れを中心に、対談形式でお話ししたいと思います。

尾中　尾中と申します。よろしくお願いします。

枝野幸男の歩み①〜初当選から薬害エイズまで

尾中　『野党第1党〜「保守2大政党」に抗した30年〜』という本を、今月（２０２３年9月）

現代書館さまから出版させていただきました。あまり元号を重ねるのは好みではないんですが、この30年は平成の時代とほぼ重なっています。

先日、プレジデントオンラインで枝野さんをインタビューしたのですが、取材したのは8月9日でした。実は30年前の8月9日というのは、ちょうど「非自民」の細川政権が誕生した日です。枝野さんは与党の政治家、それも細川（護熙首相）さんの日本新党に所属していました。（連立政権全体の中での）「総裁派閥」みたいなものですね。そういう政党の1年生議員として、枝野さんは議員活動をスタートしたわけです。まさにその日から30年、という日に取材の機会を得られて、すごく感慨深いものがありました。

最初に枝野さんに、政治家として与党だったり野党だったり、いろいろな立場で荒波を乗り越えてこられたこの30年を、ざっくり振り返ってみていただきたいと思います。どんな30年だったですか。

枝野　どんな人でも「過去を振り返ってください」と言われると「長かったような短かったような」とか、そういう話になりますが、本当にそうですね。あえて言いますと、世の中がものすごく変化したのに、政治だけがまるで変化しない30年。変化をさせることができなくて残念だった30年。こんな感じです。

尾中　枝野さんは変化をさせたい、変えたい、と思ってこの世界に入ってきたということですよね。自民党を選ばなかったのですから。

枝野　あの選挙での日本新党のスローガンは「責任ある変革」でした。このスローガンのもとで初めての選挙に立候補したのですから、「変えよう」と思って出馬したのは確かです。

尾中　日本の政治の何を変えたいと思って政治家になろうと思ったんですか。

枝野　私はもともと病弱な子供でした。だけど、血を見るのが苦手なので医者にはなれない。だから、政治家になって、政治という立場から人の命を救おうと思いました。だから（医療問題など）厚生関係の仕事をやりたかったんです。

それから、最初の選挙で掲げた公約のなかで、未だに実現されていないのは選択的夫婦別姓です。こういうことをやりたい、という思いもありました。

初めはゼネラリストの政治家になれるとは思っていなかったんです。全ての分野を網羅して把握する、つまり政調会長とか幹事長とか党首のような役割を担う政治家にはなれないと思っていたので、厚生、医療関係のスペシャリストになろうと思っていました。弁護士なので、人権問題のスペシャリストにもなりたいとも思いました。

ただ、この時点では「時代を大きく変えていく」ということについては、あまり考えていませんでした。ただ、自民党も社会党も制度疲労を起こしているので、違うもの（政党）でないと新しいことはできないと思い、日本新党の公募に応募したのです。

尾中　医療問題のスペシャリストになろうとした枝野さんは、まさに新人議員の時に薬害エイズ問題に直面しました。危険なＨＩＶウイルスが混入していた非加熱の血液製剤を血友病の患者さんの治療に使い、多くのＨＩＶ感染者やエイズ患者を出した問題で、当時大きな社会問題になっていました。

プレジデントオンラインのインタビューで「この30年を振り返って、今の政治家としての自分を形づくっているものを一つ挙げるとしたら何ですか」と質問したら、枝野さんは薬害エイズ問題を挙げました。薬害エイズ問題は、今の枝野さんにどういう影響を与えているんですか。

枝野 いろいろな側面がありますが、何より大きかったのは、政治家というのは「結果を出すことが求められる」仕事だ、と認識したことです。「正しいことを言って、有権者を気持ち良くさせる」のが政治家の仕事ではない。正しい政策を実行できなければ意味がないんだと。

薬害エイズ問題について言えば、被害者がどんどん亡くなっていく状況で、とにかく厚生省と製薬メーカーに間違いを認めさせ、謝らせないといけない。ただ追及するだけでなく、結果を出さなければいけないのです。

しかも私は与党の一員でした。薬害エイズ問題は自社さ政権（村山富市政権）で政治問題化しましたが、私はこの時、日本新党を離党してさきがけに加わっており、この時も与党議員だったのです。そしてその途中で、政権が自民党の橋本（龍太郎）政権に代わり、さきがけの先輩だった菅直人さんが、まさに「ど真ん中」の厚生大臣に就任しました。もはや「厚生省はひどいじゃないか」と批判しているだけではすみません。そんなとんでもないプレッシャーを、いきなり当選1回で背負うことになりました。

当時さきがけでこの問題に取り組んでいたのは、菅厚生大臣のほかには、私と、荒井聡さん（のちに民主党、立憲民主党と枝野氏と行動をともにした。2021年に政界引退）の二人でした。荒井さんは私より20歳ぐらい年上で、北海道知事室長を経験した人ですが、政治家としては1回生、私の同期です。そういう体制の中で結果を出さなきゃならない、というプレッシャーの中で仕事をして、幸い（厚生省が誤りを認め謝罪するという）結果を出せました。「政治家は評論家や学者とは違う」という意識は、あの時に作られたと思っています。

尾中　枝野さんは先日のインタビューでも「私はどちらかというと与党体質だ」とおっしゃっていました。最近「野党は反対ばかり」という言われ方をされて、その矢面に枝野さんが立たされているのは、当時を知る者としては信じがたいものがあります。

「政治改革」から30年①～小選挙区制の導入

尾中　さて、枝野さんが新人議員ながら与党で活躍されていたこの頃の政治を、私なりに振り返ってみたいと思います。

平成の30年間の政治を振り返る時、絶対に外せないのが小選挙区制度の導入です。小選挙区制度がなぜ導入されたのかというと、この少し前からリクルート事件、東京佐川急便事件、ゼネコン汚職など、自民党の「政治とカネ」をめぐるスキャンダルが次々と噴出しました。自民党の腐敗を止めなければいけない、政治改革をすべきだという声が盛り上がるなかで、なぜか選挙制度改革、すなわち小選挙区制度を導入するという話が出てきました。同じ選挙区で複数の自民党候補が戦う中選挙区制では、有権者へのサービス合戦となって政治にカネがかかる。選挙区で1人しか当選しない小選挙区制を導入すれば、クリーンな政治が実現する、というわけです。

よく考えてみたらおかしな話です。実は小選挙区制度は55年体制下の自民党でも、2回導入しようとしたことがあるのですが、いずれも「大きな自民党を作りたい」という狙いが明らかだったため、当時の野党に反対されて頓挫しています。

自民党を改革するために、自民党を大きくすることにつながる選挙制度を作るのは、本来はおかしなことです。でも、そこから目を背けるためだったのか「小選挙区制は与党と野党が一対一で戦うから、政権交代が起きやすくなる。政権交代が起こりやすい選挙制度を作ろう」ということが、盛んに喧伝されました。政界全体が熱に浮かされたようになり、結局この小選挙区制度が導入されたわけです。もちろん、本当に「政権交代可能な政治」を望んでいた人も、確かにいたのですが……。

その結果どうなったか。野党、いわゆる「非自民」勢力が自民党と一対一の戦いに勝つためには、ある程度「大きな塊」になることが求められるようになりました。自民党はいったん下野した後、すぐに政権に復帰したため、「非自民」勢力は再び野党に転じるのですが、彼らが生き残るためには、複数の小さな野党が合流して大きな野党第1党を作り、自民党に対峙しなければいけない。この30年間、いや現在も、野党にはずっとこういう圧力がかかり続けてきました。自民党を改革するための政治改革だったのに、野党が改革させられてしまったのです。

やがて1994年、自民党を飛び出した小沢一郎さんが事実上仕切っていた「新進党」という政党が誕生しました。主に細川政権を担った「非自民」政党が集まってできた政党で、結党した時から野党第1党でした。

枝野　新進党は、少なくとも世の中の評価は、自民党よりも自己責任論を強調して、自民党よりもタカ派と言われていました。小沢さんの著書『日本改造計画』(講談社)を覚えている方も多いと思いますが、小沢さんって本当に、自己責任論のかたまりでしたからね。アメリカのグランド・キャニオン国立公園に行ったら、危険な場所にも観客の転落を防ぐための柵がない。落ちても自己責任だ。こういう論調の本だったんです。まさに自己責任と競争主義の権化みたいな人でしたね。

尾中　自民党と新進党の2大政党が出来上がって、55年体制時代の自民党と社会党の対立から、言わば「第1自民党と第2自民党」の対立になった。従来の利権構造の上に乗っかった自民党と、タカ派で自己責任的傾向の強い「第2自民党」の新進党が戦って、政権交代が起きたとしても、大きな意味での自民党的な政治は変わらない。そんな政治になりそうだったのです。

話が多少前後しますが、枝野さんは新進党に参加せず、先ほどお話のあった「さきがけ」という小さな政党に加わり、そこで薬害エイズ問題に取り組むことになりました。

枝野幸男の歩み②～旧民主党結党、党の政策責任者へ

尾中　薬害エイズ問題で「結果を出すことの大切さ」を学んだ枝野さんが、スペシャリストではなく、ゼネラリストとして、政治リーダーとしての自身を意識するようになったきっかけは何だったんですか。

枝野　やっぱり、仙谷（由人）さん（後に官房長官。2018年死去）のおかげでしょうか。1996年に旧民主党が結党されて、私はさきがけから民主党に結党メンバーとして参加したのですが、なぜか仙谷さんから「おれが政調会長になるから、会長代理をやれ」と言われました。

政調会長代理とは、党の政策を決めるナンバー2です。当然ながら、政策全体を見なければいけないわけです。それまでは厚生省とか法務省とか、特定の分野だけに関心を持っていればよかったのですが、政調会長代理になった瞬間に、全ての政策分野を見なければいけなくなりました。そして、なぜか仙谷さんの後の政調会長を「お前やれ」と言われて。あの時は、浮き輪を持たずに海に突き落とされた感じでしたね。

尾中　枝野さんが政調会長になられたのは、33歳の時でした。

枝野　そうです。野党第2党の政調会長が33歳というのは、自分でも唖然としました。

尾中　政調会長として最初の記者会見で、枝野さんは抱負を聞かれて「とんがっていきたいと思います」と発言しました。囲み記事にしたのをよく覚えています。

枝野　その記事は私もよく覚えていますよ。

「政治改革」から30年②～民主党の結党と新進党の解党

尾中　この「民主党の結党」について、ここで振り返ってみたいと思います。

先ほど、1994年に自民党と新進党、つまり「第1自民党と第2自民党」の2大政党制が生まれ、そうではない、もっとリベラルな――「リベラル」という言葉の定義は大変難しいのですが――政治を目指していた政治勢力が、どんどん小さくなって政界の片隅に追いやられていこうとしていました。

そんな時に「それは違うんじゃないか」という人々、つまり薬害エイズで活躍した菅直人さん──彼は市民運動の出身でした──や、自民党を離党してさきがけに加わっていた鳩山由紀夫さんが中心になって、リベラル勢力を結集する動きが起こりました。その結果、1996年、かつて野党第1党だった社民党（社会党から改称）とさきがけのメンバーが中心となり、小選挙区制が導入されて初めての総選挙の直前に誕生したのが民主党です。枝野さんもその仲間に加わったんですよね。

枝野 民主党は衆院の解散が決まってから結党されたんですが、総選挙で獲得できた52議席は、選挙前の議席数と同じでした。野党第2党が自民党と新進党の二大政党にのみ込まれることなく、現有議席を維持することができたんです。

尾中 そうですね。あの時は、第1自民党と第2自民党の二大政党──これを「保守2大政党」と呼んでいますが──にしたいと思って小選挙区制度を導入しようとする動きが、確かにあったはずです。それなのに、なぜか「第三極」としての民主党が誕生して、一定の勢力を保つことができました。

枝野 民主党がこれだけの議席を維持できたことは、多くの人たちにとって想定外の出来事だったんだろうなと思います。

尾中 だから当時の報道は、民主党に冷淡でした。与党でも野党でもない「ゆ党」というネガティブなレッテルを張って「あなたは第1自民党ですか、第2自民党ですか。自民党と新進党のどちらにつくかはっきりしなさい」と言い続けていました。
しかし、民主党が結党した影響もあって、新進党は一度の選挙で政権を取ることができませんでした。新進党は、その後の政権を獲得するという展望を描けなくなって、翌年の1997年にあっさり解党してしまいました。

枝野幸男の歩み③〜「復活当選」が道を開いた

枝野　ちょっとさかのぼりますけど、私が尾中さんのことを明確に意識したのは、尾中さんが96年の総選挙の直後に書かれた「記者の目」というコラムです。覚えていますか。

尾中　はい、覚えています。

枝野　私を褒めてくださっているので、ちょっと話してください（笑）。

尾中　毎日新聞には「記者の目」といって、記者が割と自由に自分の論陣を張れるコラムがあります。当時は割と自由な気風の新聞社でしたね。
1996年、小選挙区比例代表並立制になって初めての総選挙が行われましたが、この選挙でいわゆる「復活当選」という仕組みができました。ご存じのように、小選挙区に出馬する候補者が比例代表にも重複立候補し、選挙区で落選しても惜敗率で上位になれば、比例代表で復活当選できる仕組みです。私は当時の上司から「選挙が終わったら、復活当選に批判的なトーンで原稿を書いてほしい」という指示を受けました。

総選挙の当日、私は社内で開票状況を確認しながら、復活当選者のリストを作っていました。84名いたんですが、その中に枝野さんがいることに気がついたんです。

実は私は、薬害エイズ問題の時に、厚生省担当記者として枝野さんを取材しました。枝野さんは菅直人さんと一緒に裏で調整に奔走したことが印象に残っているかもしれませんが、私はとにかく、国会での枝野さんの追及の鋭さに強くひかれました。偉そうな演説をするのではなく、理詰めで相手を追い詰める質問の技術が素晴らしくて、それで枝野幸男という名前が、鮮烈に自分の中に残ったんです。同世代でもあり、当時枝野さんは憧れの政治家でした。

だけど小選挙区制ができて、自民党と新進党という2大政党の形ができました。野党第2党だった民主党は、小選挙区で当選するのは難しい。枝野さんは国会に戻ってこられないかもしれない。そんな心配をしていたら、復活当選で名前を見つけ、思わずほっとしました。

84人の名簿には、今（東京都）世田谷区長になっている保坂展人さんの名前もありました。保坂さんは当時は社民党におられました。教育ジャーナリストとして活躍されて、そこから政界に入った方です。こういう新しいタイプの政治家が増えれば楽しいな、と期待していました。

枝野 すると、上司の求めに応じて「比例復活はとんでもない」と書くことに、だんだん抵抗を感じるようになりました。それで「枝野さんのような政治家が、比例復活でも当選できたのは良かった」と、会社の方針に思い切り反した記事を書いたんです。上司からは結構怒られましたが、記事はそのまま掲載されました。

尾中 怒られた割には、尾中さんはその後、政治部の副部長になったんですよね。

枝野 はい。何でなったんだろう。

尾中 （会場で取材する記者に向かって）だからあのへんの方、大丈夫ですから。会社の方針に逆らったことを書いても（笑）。

ともかく私は、この後新しい民主党の担当記者になりました。その前に薬害エイズ問題で菅直人厚生大臣を取材していたので、そのまま菅さんの番記者としてついていった形です。私の野党取材の始まりはここからで、枝野さんを本格的に取材し始めたのもこの時です。

「政治改革」から30年③～野党を救った小沢一郎氏の「変節」

枝野 こんなことを話していると終わりませんね。「小沢さんの変節」の話に行きましょう。

尾中　そうですね。少し前段から行きますね。

1997年に小沢さんの新進党が解党して、新進党出身者の人たちが、野党第2党の民主党に大勢合流してきました。結果として民主党が「棚ぼた」で野党第1党になりました。

新進党から民主党に野党第1党が変わったのは、それなりに大きな意味がありました。何しろリーダーは菅直人さん。保守系の政治家が大勢加わって、党の目指すものは分かりにくくなったけれど、それでもリーダーのイメージは強かったです。野党第1党が改革保守の新進党から、リベラル色もある民主党へ移ったことになるわけです。

菅さんが2大政党の一方のリーダーになるなんてことは、まさに「自民党と第2自民党による2大政党」を期待した人たちにとっては予想外であり、もっと言えば「あってはならないこと」だったのだと思います。

さて、新進党が解党した後は、小さな「自由党」の党首になっていた小沢さんが、その後紆余曲折を経て、2003年になぜか民主党に加わりました。俗に言う「民・由合併」です。この時枝野さんは、小沢さんと一緒の党になることに、相当抵抗していましたね。

枝野　小沢さんに抵抗したんじゃなくて、私は政界再編には常に消極的でした。「自力で伸びていく」ことを基本にしなければ政党は強くならない、と思っているので、結果的にあらゆる政界再編について、最後まで抵抗したんです。

尾中　枝野さんは抵抗しましたが、結果として小沢さんは民主党に合流し、3年後の2006年に党の代表になります。先ほども話に出たように、小沢さんは新自由主義の権化みたいな人でしたから「これで民主党は変わる。第2自民党になる」と期待した人たちもいました。

ところが、小沢さんは代表になると、いきなり「私は変わります」と言って反対側にどーんと振れた。自己責任論を捨てたんです。

当時の自民党は小泉政権。自民党の方が「自己責任」をうたう政党になっていました。すると小沢さんは、自民党と野党が改革を競争し合うようなことになってはいけない、改革の影に着目しなきゃいけない、と考えました。今の立憲民主党の源流とも言える考え方で、小沢さんもその源流を作った一人だと考えることもできます。意外でもありましたが、この時点ではある意味、野党の理念は小沢さんに救われた面もあると思っています。

枝野　実は、尾中さんの本を読んでちょっとびっくりしたのは、この点でした。小沢さんが「第2自民党」論から、明確な対立軸を作らないといけないということでリベラル側に大きく転向した、ということには、正直言って気づいていませんでした。

尾中　あの「変節」を見ていて、小沢さんはやはり小選挙区制度を導入した主要人物だ、選挙制度の持つ意義をよく分かっていたのかもしれない、と思いました。その後の小沢さんの政局的な動きは全く評価しませんが、彼を評価する点があるとするなら、ここなんです。

「政治改革」から30年④～民主党政権の誕生と自民党の綱領改定

尾中　2009年に民主党が政権を取り、リベラル系のリーダーとされてきた鳩山さんと菅直人さんが、2人とも総理になりました。「自民党と第2自民党による2大政党制」を目指した人たちにとっては、こういう2大政党の枠組みに抗って民主党を立ち上げた2人が総理になったことは、相当ショッキングなことだったと思います。

枝野　そう。彼らにとっては「悪夢」だったんです。

尾中　彼らが何を「悪夢」と呼び、最も強く恨んでいたかというと、実は原発事故でも普天間問題でもなく「子ども手当」だったと、私は思っています。

個人よりも家庭、個人よりも企業、個人よりも国家という価値観を持つ自民党にとって、子育ては家庭で行うべきものでした。ところが民主党政権が「子どもは社会全体で育てる」という理念を打ち出した。これは自民党にはとてもショックだったのだと思います。

政権を離れた自民党は、自分たちのアイデンティティーは何か、自分たちは何者なのか、ということを考える機会を得ることになりました。そして彼らは党の綱領を改定して「自己責任を求める社会」を目指す党になることをうたいました。

この綱領改定に関する文書に書かれていたのが、子ども手当に対する恨みつらみです。「こんな社会になってはいけない」と。自民党は、その後の菅義偉前首相に顕著にみられるような「自己責任社会を目指す政党」に、自ら舵を切ったんです。

枝野　自民党が野党になった時、我々に対して何よりも嫌だと感じていたのが子ども手当だったこと、「個人を尊重する政治」が嫌で嫌でしょうがなかったこと、だから綱領を思い切って逆方向に振ったこと。ニュースなどでは見ていたはずなのに、正直気付かなかったですね。

尾中　自民党は野党時代に憲法改正草案も作りましたが、現行憲法の「個人」という言葉を、ことごとく「人」に置き換えています。「個人」という言葉がとにかく嫌いなんですね。

自民党がそうなってしまった以上、政権の選択肢になる野党の側は、まさに枝野さんが立憲民主党を立ち上げた時に訴えた「支え合いの社会」を目指すしかありません。「国家より個人」という旗を掲げるしかありません。対立軸という言葉が良いかは分からないですが、選択肢ははっきりしてきているのです。

枝野　そうですね。自民党の「個人よりも家庭、個人よりも国家」に対して、我々立憲民主党は明確に違います。「国家は個人によって作られているんだから、個人の方が尊重される」というのが、日本国憲法の基本理念です。我々はそれを大切にします。

「政治改革」から30年⑤～「希望の党騒動」と立憲民主党の誕生

尾中　だけど野党は、民主党政権が失敗して政権から転落して、党名が民進党に変わって、もう一度政権を目指せるのか展望が見えず苦しむ中で、自民党に対してどういう旗を掲げるべきかを見つけるのに、少し時間がかかっていました。そんな時に起きたのが、2017年の「希望の党騒動」です。東京都の小池百合子知事が、総選挙目前というタイミングで改革保守的な新党「希望の党」を立ち上げ、民進党は突然、希望の党に合流することを決めました。結果として民進党は、特に衆院は事実上の解党状態に追い込まれました。

あの騒動が良いことだったとは全く思いませんが、騒動があったことによって、結果としてこれからの野党が掲げなければならない旗が明らかになりました。そして枝野さんが、図らずもその旗を持つことになったわけです。

枝野　実はあの時に考えていたのは、1996年に民主党を結党した時の鳩山さんや菅さんのことでした。

最初に民主党を作った時の鳩山さんや菅さんの年齢は、50代そこそこ。立憲民主党を立ち上げた時の私は53歳でした。それを比べて、鳩山さんと菅さんが総理になるまで何年かかったか、そうしたら自分は何歳かな、なんて。そして、ここで当時の民主党のような「根っこ」を何とかキープできれば、もう1回（政権奪取の）チャンスはあるはずだと思ったのです。

だから立憲民主党の結党当時は、「第2自民党に対抗してリベラルの芽を残した96年の民主党の再現」という意識は、実はそこまで強くありませんでした。でも、選挙の後に尾中さんたちが『枝野幸男の真価』（毎日新聞出版）という本を出版して、その中でそういう分析をしていたのを読んで「ああ、そういう意味だったんだな」と感じました。

尾中　「希望の党騒動」とは、東京で力のある改革保守系政党の「都民ファーストの会」と、大阪で絶大な力を持つ日本維新の会と、全国的に組織を持つ民進党を全部奪い取る形で「大きな塊」を作って、さらにそこからいわゆるリベラル系の人たちを排除して、一気呵成に「大きな第2自民党」を作ろうとした動きだと言えます。枝野さんは結果的に、その動きにたった1人で抗って、そして勝ってしまったわけです。

菅直人さんから枝野さんへ、という軸で長く野党の政治を見てきた者として、まさに1996年衆院選の旧民主党結党が再現された、というふうにあの政局を見ていました。あの時と大きく違うのは、1996年の民主党は野党第2党だったんですが、立憲民主党は、議席数は当時の民主党とほぼ変わらないぐらいですが、とにかく「野党第1党になった」ということです。この差はとてつもなく大きいと思います。

枝野　1996年の旧民主党も、総選挙直前に結党しました。結党してすぐに総選挙を戦って、現有議席を維持して野党第2党をキープしました。その後、野党第1党の新進党が解党するという「他力本願」はありましたが、それをうまく生かして野党第1党になりました。

民主党のここまでの（約1年半の）歩みを、立憲民主党は20日間でやってしまった。それだけにその後は大変だったけれど、私が立憲民主党を立ち上げた時に「数年はかかる」と想定していたことを、20日でやることができたのは確かです。

枝野幸男の歩み④〜野党第1党の党首として

尾中　立憲民主党は戦後最小の55議席の野党第1党としてスタートしました。野党第1党は公器であり、党首は次の総選挙で「総理候補」にならなければいけません。でも、55議席では次の総選挙で政権の選択肢になるリアリティーは持てません。

次の総選挙で政権の選択肢となる規模の政党になるためには、他の政党と合流する、いわゆる野党再編をやらないわけにはいきません。どちらも茨の道だったと思いますが、枝野さんはどのように考えて、党を大きくしたんですか。

枝野　立憲民主党を結党した時は「何回かの選挙を経て政権を取ればいい」という選択肢もありました。でも、総選挙を経て野党第1党になってしまった瞬間から、次の総選挙で政権を目指さないという選択肢はなくなりました。小選挙区制をとっている限り、野党第1党が政権を目指さないことは、責任放棄になりますからね。

繰り返しますが、私は一貫して政界再編否定論者です。政界再編をしてはいけないとは言いませんが、無理やり再編をやってはいけないのです。どこかの政党が求心力を持つ、つまりその政党に対する国民的なニーズが明確である状況なら、その政党にほかから人が集まってきます。こういう形での再編なら許されると思います。

私は、第2自民党では2大政党制にはならない、自民党とは明確に理念やビジョンの違う政党が野党第1党になることで、初めて政権選択が可能な2大政党になると考えています。せっかくそういう政党を作って野党第1党にすることができたので、この「支え合い」の理念に向かって求心力を高めて、その理念に賛同して他党からも集まっていただく形で党を大きくするしか道はない、と思っていました。

尾中　現実に国民民主党のかなりの人たち、それから社民党の人たちも、立憲民主党の旗のもとに集まってくれました。代表として、こういう形で現在の立憲民主党を作ったことを、今振り返ってどう思いますか。

枝野　もちろん「もっとうまくできたんじゃないか」という思いはあります。でも、党名も綱領も、理念やビジョンも全く変えずに、他党からわが党に加わっていただくことができました。次の総選挙で政権の選択肢になり、なおかつ、「足して2で割る」みたいな、理念や政策をあいまいにすることなく党を大きくすることができました。想定以上にうまくやれたと思います。

私だけの力ではありません。国民民主党と合流した時につくった現在の党の綱領は、当時の立憲民主党の逢坂誠二政調会長と、当時の国民民主党の泉健太政調会長の2人で原案を作りました。2人で作った原案が、私のところに持ち込まれましたが、「てには」とか接続詞以外は直していませんから「全く問題ない」と答えました。これなら「合流して数を増やすために談合した」とは言われない、と思ったのです。

この綱領を作った当事者が、現在の立憲民主党の泉代表です。

泉さんに対してはいろいろな評価があります。野党第1党の代表だから、いろいろ言われるのは仕方がない面もあります。だけど、少なくとも泉さんと私の間で、理念や考え方が違うことは、全くありません。そのことは強く申し上げたいと思います。

尾中　ちょっと枝野さんを褒めすぎたので、少し厳しいことを聞きます。

現在の立憲民主党を作る過程については、党名も綱領も変えず、党のアイデンティティーを守り切った形で政党を大きくすることができた、と私も思います。そこは枝野さんの手腕を高く評価しています。

でも、そうやって立憲を大きくしただけでは、やはり規模が足りない。そこで最後に、他の野党と協力して「大きな構え」を作らなければなりませんでした。

この最後の場面で、残念ながら党のアイデンティティーが、少し見えにくくなってしまったのではないかと思います。仕方がなかったこと、妥協せざるを得なかったことはたくさんあったと思いますが、この「党のアイデンティティーが見えにくくなった」ことが、最後の最後でギリギリで公示前議席を割ってしまうという残念な選挙結果につながってしまったのではないか、と思えてなりません。枝野さんと意見が違うところかもしれませんが、どう総括しますか。

枝野 あの選挙では、本来は味方のはずの政党の中に、相手陣営からのネガティブキャンペーンに利用されやすい、選挙にマイナスになりかねないアピールがありました。でも、敗因はそれだけではありません。我々の側にも二つの大きな失敗があったと思っています。

一つはコロナ禍です。あの選挙はコロナ禍真っただ中の状況で行われたので、私たちは常に「コロナにどう対応するか」という目の前の具体的な対応策に力を入れざるを得ませんでした。ワクチンをどうするか、補償をどうするか、医療体制をどうするか、とかね。

だけど、これは理念やビジョンとは関係ありません。私は、自民党の初期のコロナ対応は決して有能だったとは思わないし、我々ならもっとうまくやれる、と思うところはたくさんありますが、それは「能力」の問題であって、与野党の理念の違いを明確にする、という話にはならないんです。

結果的に私たちは、党の理念やビジョンを、選挙前に全く打ち出せませんでした。だから総理が岸田さんに代わって「宏池会の人だからリベラルだ」という変な幻想がわき起こった時、十分に対応できなかった。それがものすごい反省点です。

尾中 ただ、野党としてコロナ対応をしっかりやることは、本当はすごく大事ですよね。私は本にも書きましたが、小選挙区制度のもとでの野党第1党に求められるのは①政権政党の選択肢として理念を提示できる力②政権をもぎ取るための国会対策や選挙対策の能力③日常の政権運営がきちんとできると期待させる力――の3点だと思っています。現在の立憲民主党は、何かの弾みで突然政権が転がり込んできてもおかしくない状況にあります。その時に立憲民主党政権が日常の行政運営をきちんとできなければ「やっぱり民主党と同じだ」となって、政権交代はもう二度と起きないかもしれません。だから、野党のうちにコロナ対応を経験したことは、党にとって悪いことではなかったのではないでしょうか。

枝野 コロナ対応は逢坂（誠二）さんとか長妻（昭）さんが中心になって取り組みました。もちろん野党だから、情報量は決定的に少ないし、協力できるお医者さんや学者さんも少ないのですが、長妻さんは厚生労働大臣を経験しているし、逢坂さんには地方自治体の首長の経験がありました。二人を中心に取り組んだわが党のコロナ対策は、政権を担っていても恥ずかしくないものだと思います。政権を持っていれば、私たちは自民党政権よりずっとうまく対応できたと、確信を持っています。

ただ、このような目の前の対応はお二人がきちんとやれていたのだから、代表である私は、もっと党の理念やビジョンといった、自民党との対立軸の部分をしっかりと訴えなければならなかったのです。私までが各論に引っ張られてしまったことを反省しています。

もう一つの反省点は、総選挙の直前、自民党は内紛を起こさずに、総理の首を菅（義偉）さんから岸田（文雄）さんにすげかえました。これを私は見誤りました。菅さんを代えて総裁選になる可能性はあると思っていましたが、きっと党内で内紛が起きると思っていたんです。そうなれば総理の首が変わっても十分に戦えると思っていたんですが、彼らは内紛を起こすことなく、一瞬にして総理の首をすげかえました。自民党のすごいところだと思います。

尾中　岸田政権は政権が発足した直後、まるで立憲民主党のような主張をしていました。

枝野　それは想定の範囲内でした。政権与党は野党第1党に寄ってきます。野党の存在を

「消す」ことを狙います。

尾中　お聞きの皆さんに先ほどの話を思い出していただきたいのですが、自民党は野党の時代に党の綱領を変えました。自己責任の社会を目指す党に変わったんです。だから「支え合いの社会」の立憲民主党の社会像に「抱きつく」のだとしたら、それは自民党ではない。岸田さんは自民党の綱領に反している。本来はそういう話になるはずです。

小選挙区制が導入されてから30年が経とうという時に、未だに昭和の「疑似政権交代」のようなことを行うのは、本来はあってはならないことです。岸田政権はある種の目くらましで前回の総選挙を乗り切りましたが、現実に岸田さんは「新しい資本主義」などと言って金融所得課税の強化を言いながら、株価が下がったらあっさり引っ込めました。本来の「自民党が目指す社会」に反しているからです。

自民党はもう昔のような、党内に異なる社会像の旗を掲げて、自民党の中で政権交代のまねごとをして目先を変えて、野党に政権が行かないようにするみたいな、そんなことができる政党ではありません。そのことを多くの方に知ってもらいたいと思います。

「政治改革」から30年⑥～「保守2大政党」に抗する戦いは終わっていない

尾中　野党第1党の30年の歴史を、もう一度整理してみます。

55年体制の崩壊を受け、野党第1党は社会党から新進党に代わりました。「自民党と第2自民党（新進党）による保守2大政党」という対立軸が作られかけていました。しかし、リベラル系の野党第2党・民主党が誕生し、2大政党に割って入りました。新進党は総選挙で敗れて解党してしまい、野党第1党は菅直人さん率いる民主党に代わった。民主党はやがて政権を取りましたが、うまくいかずに3年あまりで政権から転落し、民進党に名前を変えた後に「希望の党騒動」で崩壊してしまいました。そして、その後野党第1党は、枝野さん、そして泉健太さんの立憲民主党に変わりました。

つまり野党第1党は、新進党、民主党、立憲民主党と移り変わるなかで、いわゆる新自由主義的で自己責任の社会をうたう「第2自民党」的な政党から、少しずつそうではない「支え合いの社会」を目指す政党へと、軸足を移してきたのです。「自己責任の社会」を目指す自民党との間に、明確な旗印の違いが生まれてきました。

私たち有権者は選挙の時に、自分たちはどんな社会を目指すのかを投票で選択できるようになりつつあります。「私の目指す社会はどちらなのか」と考えて投票できる環境が、もう少しで整うところまできています。そう考えたら、小選挙区制度が誕生して30年、政治はむしろ良い方に向かっているのではないかと、私は思っています。

「小選挙区になって政治が悪くなった。中選挙区に戻した方がいい」という声を時々聞きますが、そういう人たちは、たぶん自分たちが思う方向に政治を変えることができなかったから、そんなことを言っているのではないでしょうか。

枝野　私は尾中さんのプレジデントオンラインのインタビューで「政権交代だけでは有権者に響かない」と話しました。私たちは2009年に、すでに政権交代を経験しているからです。あの時は「とにかく一度、選挙で政権を代えてみよう」ということが、有権者やメディアの圧倒的な意思だったと思います。でも、政権交代はしたけれど、思ったほどの成果は上がらなかった。それは間違いありません。

だから「政権交代」と言うだけでは、もう有権者には響きません。「ただ政権を代えればいい」のではなく、政権交代して何をするのか、政権交代すれば社会の何が変わるのか、こういうことを言わないと説得力がないんです。

2009年とは状況が全然違います。我々はどういう社会を作りたいのか。自民党が目指す社会と何が違うのか。我々が今やるべきなのは、それを明確に訴えることです。自民党は個人より家庭や組織が先にある、と考える。我々は個人が国家よりも先にある、と考えます。自民党はパターナルで、我々はリベラルです。このように対立軸がある2大政党制を選ぶのか、それとも第1自民党と第2自民党による2大政党制、例えばクリーンな自民党か汚い自民党かという、こういう2大政党を選ぶのか。それが問われています。

「第1自民党と第2自民党による2大政党制」を目指す人たちは、今もいますよね。

明確に「俺たちは第2自民党だ」とおっしゃった野党第2党の方もいらっしゃいますし。

尾中 ちょうどこの本（『野党第1党』）を脱稿するタイミングで、維新の馬場伸幸代表が「第2自民党」という言葉を口にしました。馬場さんが勝手にそう言っているわけではないと思います。彼らの背後に、そういう政党が2大政党の片方として成長することを望む人たちがいるのでしょう。

彼らにとっては、「第2自民党にならない」立憲民主党が誕生して野党第1党になったことは、1996年に鳩山さんと菅直人さんの民主党ができたとか、このお二人が民主党政権で総理になったとか、それと同じぐらい想定外で、あってはならないことだったのだと思います。だから今も、立憲の評価を下げて、日本維新の会を持ち上げる人たちがいるのです。

枝野 同じような政党の間で政権を交代させても、意味がありません。第2自民党を選ぶくらいなら、初めから自民党を選べばいいんですから。彼らの方が政権運営の経験も実績もあります。

第2自民党に政権が代わったら、政策の中身は自民党と変わらないのに、政権運営が下手な政権ができるだけです。大臣も副大臣も政務官もやったことがない、素人ばかりの第2自民党がいきなり政権をとったら、かつての民主党政権どころではないですよ。大惨事が起きますすよ。そうでしょう？

尾中　メディアや識者がリベラル系の立憲を叩いて、改革保守系の維新を持ち上げている現状は、私にとっては、この30年間散々見てきた風景が未だに繰り返されているようにしか見えません。しかし現実には、立憲民主党は政権の選択肢としての「地力」を、確実につけつつあります。

前回の2021年の総選挙で立憲が公示前議席を割った時、メディアは散々「惨敗」イメージを植え付けました。でも冷静に振り返れば、立憲が獲得した96議席は、その前の2017年の総選挙で獲得した55議席から、倍近くに増えたと言えます。そしてこの議席数は、2005年の郵政選挙で民主党が惨敗した時の議席数（113議席）に、かなり迫っています。民主党は郵政選挙で惨敗したその次の2009年の総選挙で、政権交代を実現しました。

つまり立憲民主党は、現時点ですでに「次の総選挙での政権交代が全く不可能ではない」ぐらいのレベルに来てはいるんです。「そんなことはない」と思い込まされているだけです。

枝野　尾中さんの言うように、私は、立憲民主党が定数の過半数の候補者を擁立できれば、一発で政権が代わることも十分にあると思います。「自民党は駄目だ」「岸田（文雄）さんは駄目だ」ということは、そのくらい世の中に広まっていると思います。

選挙準備を急がなければなりません。他の野党とも最大限連携した方がいいと思いいます。ただ、選挙区をすみ分けることで、自分の党のアイデンティティーが分からなくなることのないように注意しなければなりません。

他の党とすみ分ければ勝てる選挙区は、すみ分ければいい。しかし、むしろ他党に立候補してもらって切磋琢磨した方が、野党候補が勝ちやすくなる選挙区もあります。これはケースバイケースです。選挙区ごとに全く事情が違います。全国一律には進められません。

「どの党と組むのか」という話に注目が集まるような行動は避けるべきです。連携を進める時は「こっそりと」までは言いませんが、こういうことが注目されないようにやらないといけないと考えています。

番外・政治家と新聞記者の関係

尾中 よく「野党はだらしない」「頼りない」と言われますが、民主党の頃からずっと野党を取材してきた者から見ると、現在の立憲民主党は安定感がありますよね。民主党の時代は「次の代表選で誰が負けたら俺たちは離党だ」とか、そんなことばかり言われていて、党内がガタガタしていましたから。それに比べると、立憲のことは安心して見ていられます。

枝野　実は尾中さんをはじめ、ベテランのジャーナリストの皆さんには、そう言ってくれる人が多いんです。当事者である私もそう思います。ところが残念ながら、新聞記事になるとそうはならない。それはなぜか、という話をしていただきたいと思います。尾中さん、毎日新聞で民主党番だった時に、担当は何人ぐらいでしたか。

尾中　最初の民主党番は私1人でした。ただ、その時の民主党は野党第2党でした。野党の取材は政治部の中の「野党クラブ」というグループが担当しますが、当時は第1党が新進党なので、新進党担当が3人、民主党担当が私、共産党担当はキャップが兼任して、全体で5人体制でした。新進党で何か問題があれば、民主党から私が駆り出されることもありましたが、野党全体を見る記者の数は、今よりずいぶん多かったと思います。

枝野　ちなみに、毎日新聞の野党番は今何人？

尾中　辞めてしまったので現在の状況は分かりませんが、私が知っている直近では3人だったと思います。

枝野　約半分になっている、ということなんです。以前の半分の人数で取材しているんですから。野党番なら、立憲民主党のほかにも、国民民主党や共産党や社民党、日本維新の会もあって、さらにはれいわ新選組や政治家女子48党（当時）だって、記者会見があれば行かなきゃいけない。これではじっくり取材したくてもできません。

尾中　「野党多弱」と言われますが、たくさんの野党があるということは、取材するポイントも増えるということです。にもかかわらず、それをカバーする記者はどんどん減っています。私が新聞社にいた当時はまだ「野党の取材は大事だ」というコンセンサスが、政治報道業界の中にあったと思いますが、今は違うかもしれません。

この場にも野党番の記者さんが取材に来ているようですが、たぶん今の野党を取材する人たちが置かれている状況は、そんな感じなんだろうなと同情しています。

枝野 その結果として、昔の野党の感覚を持っている偉い人（デスクやキャップなど）が、その感覚のままの記事を作ってしまうんです。民主党の時代は、先ほども話にあったように「代表を引きずり下ろす」とか「党分裂だ」とか、そんな話がとても多かった。だから立憲民主党に対しても「そんなことを画策してるやつがいるに違いない」と考えてしまう。まさに15年ぐらい前の野党の感覚でいるわけです。

でも、現場の記者は細かく野党を追いかける時間がありません。実情をよく知らないまま、偉い人の古い感覚のままの記事が出てしまうわけです。だから皆さんに言いたいのは「そういう記事には惑わされないでほしい」ということです。現場の記者が悪いわけではないんですが、取材構造がそのようになっていることを知ってほしいです。

第2章の解説

尾中香尚里

第1章でご紹介したプレジデントオンラインのインタビューが公開されて間もない2023年9月、筆者は新著『野党第1党〜「保守2大政党」に抗した30年〜』を現代書館から出版した。第1章でもテーマとした「細川政権から30年」、すなわち平成と呼ばれる時代とほぼ軌を一にする時代の日本の政治の流れを「野党史」の観点でまとめた作品である。

この30年間は、筆者が毎日新聞社で記者として歩んだ時期とほぼ一致しており、『野党第1党』は筆者自身の「新聞記者人生の総まとめ」的な要素も持っている。一方、枝野氏から見れば、この30年は自らが政治家として歩んだ時代と、ほぼ一致していることになる。政治家と新聞記者という異なった立場で、それぞれがこの30年の政治にもまれてきたわけだ。

そんなわけで枝野氏と筆者は、拙著出版記念トークイベントの名目で対談することになった。

イベントは枝野氏が月1回、地元のさいたま市で支持者向けに実施している「オープンミーティング」の一環として行われた。筆者にとっては著書を宣伝する良い機会であり、枝野氏にとっては、先日のプレジデントオンラインのインタビューで公表した形となった「枝野ビジョン２０２３」について、歴史的な観点を加えて支持者に説明する、これまた良い機会でもあった。筆者が長々と自説を語ってしまった場面もあるが、対談の性格上、そこはご容赦いただきたい。

対談は「政治改革」に振り回された平成の野党史の30年と、枝野氏という政治家の30年という二つの歴史を、交互に振り返る形で進んだ。「平成の野党史」については拙著『野党第1党』に詳述したので、ぜひこちらもお読みいただきたいが、ざっくりまとめればこうだ。

55年体制下の「昭和の政治」は、自民党と社会党という「万年与党と万年野党」が「対立軸は明確だが政権交代の起きない政治」を続けてきた。この状況を改め、選挙制度の面から「政権交代のある政治」を作るため、１９９４（平成６）年、衆院に小選挙区比例代表並立制が導入された。「平成の政治」の始まりである。

「平成の政治」で最初に野党第1党となったのは、小沢一郎氏が事実上率いる新進党だった。自民党を離党して55年体制の崩壊の原動力となった小沢氏らのグループが、「昭和の政治」で長く野党第1党を務めた社会党を退け、自民党と政権を争う政治勢力になったのだ。

しかし、これでは「自民党と第2自民党が政権を争う」ことになる。自民党が大きな政治不信を招いた時、政権交代によって政権から退場させることはできるが、例えば政策の方向性を誤った場合、政権交代によって方向性を改めることはできない。政権交代の意義は半減する。

この「保守2大政党」と呼ぶべき状況に抗うべく、社会党から改称した社会民主党と、自民党離党組の中でもリベラルな性質を持つ新党「さきがけ」の多くの議員が合流し、1996年に新党「民主党」が結党され、野党第2党となった。この翌年に新進党が解党し、その多くが民主党に合流。野党第1党の座は民主党に移ることになった。

一つの選挙区で1人しか当選しないこの選挙制度のもとでは、野党は一つの「大きな塊」となり、自民党と1対1で対峙しなければ生き残れない。いきおい「非自民」勢力には「一つにまとまる」圧力がかかる。この結果、民主党は自民党離党組から社会党出身者までを包含する「寄り合い所帯」となり、党が何を目指すのかが見えにくくなった。民主党は2009年に政権交代を成し遂げるが、「政権交代」以外に党を結束させるものがなかったため、やがて党内分裂を起こし、3年3カ月で再び野党に転落した。

「平成の政治」とは「政権交代はあるが、与野党の対立軸が不明確な政治」だったのだ。

枝野氏は「平成の政治」の訪れとほぼ同時に政界に入り、野党再編の波にもまれながら実績を積んできたが、野党再編には常に冷淡だった。対談では「『自力で伸びていく』ことを基本にしなければ、政党は強くならない」と語っている。そんな枝野氏に訪れた大きな転機が、2017年の衆院選直前に起きた「希望の党騒動」による民進党（民主党から改称）の分裂だった。

枝野氏は希望の党から「排除」され、政治生命の危機に立たされたリベラル系議員たちの「救命ボート」として、たった1人で立憲民主党を結党した。小政党としてのスタートは覚悟の上だった。ところが、直後の衆院選で立憲民主党は希望の党を上回り、まさかの野党第1党となった。

結果論ではあるが、民進党が分裂した結果「寄り合い所帯」の状態が解消し、リベラル系を基軸にした政党が、野党第1党として自民党に対峙することになったのだ。枝野氏はこう語る。

「立憲民主党を結党した時は、何回かの選挙を経て政権を取ればいい、という選択肢もありました。でも、総選挙を経て野党第1党になってしまった瞬間から『次の総選挙で政権を目指さない』という選択肢はなくなりました。小選挙区制を採っている限り、野党第1党が政権を目指さないことは、責任放棄になりますからね」

戦後最少の野党第1党となった立憲民主党を、次の総選挙までの間に「自民党との政権選択選挙」を戦えるというリアリティーを感じさせる規模に拡大するには、希望の党騒動でたもとを分かったかつての民主党・民進党の仲間に、党に加わってもらうしかない。しかし、民主党のように政党間の合従連衡によって、再び「寄り合い所帯」を作るわけにはいかない。枝野氏はこう理屈をつけた。

「どこかの政党が求心力を持つ、つまりその政党に対する国民的なニーズが明確である状況なら、その政党にほかから人が集まってきます。こういう形の再編なら許されると思います」

枝野氏は結党当初、外野からわき起こった安易な「野党はまとまれ」論を頑なにはねつけ続けた。そして2019年、初の参院選で議席を伸ばし、野党間の力関係で優位に立った時点で、立憲が主導して「わが党の理念に賛同して集まっていただく」形で、かつての民主党・民進党の仲間との合流を果たした。事実上「立憲民主党を拡大する」形をつくったのだ。

枝野氏は、複数の野党が合従連衡した「寄り合い所帯」となり、党が何を目指すのか分かりにくかった民主党とは一線を引き、立憲民主党を自民党との「政権選択選挙」にギリギリ持ち込める規模に拡大した。ここに「政権与党との間に対立軸があり、政権交代の実現可能性もある」という「令和の政治」の形が整った。

小選挙区制が導入されて以降30年の野党第1党は、小沢氏が率いる新進党から、菅直人氏らが率いる民主党へ、そして枝野氏が結党した立憲民主党へと移った。自民党離党組が党の中枢を占める保守政党だった新進党から、リーダーはリベラル系だが所属議員の出自がバラバラで党の理念が不明確だった民主党、そして、よりリベラル色の強い立憲民主党へ、という具合である。立憲民主党にはその後、民主党時代の保守系議員も多く合流したが、少なくとも「自民党的な、国民に自己責任を強いる政治を終わらせる」という党の理念を、多くの議員が共有している。かつての民主党の「寄り合い所帯」的党風は、かなり払拭された。

しかし、日本の政界はこの30年間、とにかく政治に「保守2大政党」の構図を求めてきた。1996年に結党した民主党は、メディアや有識者から「自民党と新進党のどちらにつくのかはっきりしろ」と批判された。民主党を保守2大政党のいずれかに埋没させることを狙うかのような言説だ。民主党が野党第1党になると「世代交代」の大義名分のもと、党内の保守系議員を持ち上げ、菅氏や鳩山由紀夫氏らリベラル系リーダーの退場を求める論調が幅をきかせた。

本章の枝野氏との対談が行われた2023年秋ごろは、保守系の野党第2党・日本維新の会を必要以上に持ち上げ「立憲に代わって野党第1党になるのでは」という見立てが盛んになされていた。「野党第1党を保守政党にしたい」という思惑は、主にメディアや学識経験者の間で、特に強いように感じる。

しかし、それは「平成の政治」の焼き直しに過ぎない。政権交代はあるかもしれないが、自民党との対立軸が見えず、選挙で国民の選択肢にならないような政治から、私たちはいい加減脱却すべきなのではないか。

本章の枝野氏との対談は改めて、そのことを強く思い起こさせた。

第3章

岐路に立つ日本と政治指導者の責務

「令和の鈴木貫太郎」への志

『枝野ビジョン　支え合う日本』（文春新書）をめぐる対話

2021年5月20日

尾中　皆さん、こんばんは。毎日新聞の記者をしておりました尾中香尚里と申します。よろしくお願いいたします。文春新書から発売された、立憲民主党の枝野幸男さんの著書『枝野ビジョン 支え合う日本』。この本の発売記念イベントを始めたいと思います。新型コロナウイルスの感染拡大もあって、オンラインでの開催となりました。画面越しでお越しいただいている皆さん、本当にありがとうございます。

この本が発刊された経緯や、ここに書かれていることのポイントなどを、著者の枝野さんと2人でご紹介していく企画です。枝野さん、どうぞよろしくお願いいたします。

枝野　よろしくお願いします。

安倍晋三元首相は「保守じゃない」

尾中　枝野さんはこの本を「7年かけて書いた」と話していますね。長い時間をかけてじっくりと練られた政権構想と聞いています。7年前というと、2014年です。政治的にどんな時代だったかというと（第2次安倍政権によって）「集団的自衛権の行使を一部容認する」という閣議決定がありました。立憲主義を破壊した最たる出来事と言ってもいいでしょう。

その年の12月に衆院選がありました。当時野党第1党だった民主党は、政権から転落した2012年に続き大敗を喫して、当時代表だった海江田万里さんが落選してしまいました。野党にとってはどん底の時代だったと言ってもいいですね。

枝野 そうです。紅白（歌合戦）でいうと、AKBグループが揃って紅白に出た年ですね。

尾中 枝野さん、これがどうしても言いたそうだったので一言振ってみましたけれど、とにかく7年前とは、野党にとってそんな時代でした。どうしてこの時期に「本を書こう」と思われたんですか。

枝野 一つは、2012年の暮れに野党になってから1年半ほど、ひまと言うと語弊がありますが、時間的な余裕がありました。党の憲法調査会長をやっていたぐらいで。なので、せっかくだから政権を経験して思うところをまとめておいた方がいいんじゃないか、と思いました。

もう一つは、安倍（晋三元首相）さんが、やたらと「保守」を強調するのを見ていて「違うだろう」と思ったことです。「安倍さんは全然保守じゃないだろう」と。講演などでは結構こういう話をしていたんですが、きちんとまとめた方がいいなと思い、実は14年の春ぐらいから書き始めていました。

ただ、2014年の秋に民主党の幹事長になり、それどころではなくなりました。この年の暮れの総選挙で党首の海江田さんは落選してしまいましたし、私も相手候補に3500票差まで迫られる苦戦を強いられました。そうこうする間に政治状況も変わってきたので、その都度手を入れていたら、出版が今になった、という感じです。

尾中　7年の間に政治全体や野党の状況も、だいぶ変わってきましたね。安保法制（安全保障基本法）が成立したり、立憲民主党が結党したり。与党も総理大臣が（安倍氏から菅義偉氏に）交代しましたし、さらに今はコロナ禍です。政治状況が動いていく中で、書きたいテーマ、重点を置きたいテーマも変わってきたり、手厚くなったりした部分もあると思いますが。

枝野　自民党と違うもう一つの選択肢を示さなきゃいけない、と思いました。2017年、あまり思い出したくないけれど、いわゆる「希望の党騒動」の直前、私と前原（誠司）さんで争った民進党代表選挙の時点で、中身は事実上固まっていました。代表選挙の時に訴えた内容を本にした、という形です。

ただその後、一つはCOVID-19（新型コロナウイルス感染症）によって、残念ながら私の言ってきたことが裏付けられました。そこをちゃんとアップデートしなければいけないと思いました。これも、昨年（2020年）5月に政権構想（「支え合う社会へ―ポストコロナ社会と政治のあり方（命と暮らしを守る政権構想）」―私案）を発表しているので、そこで中身はまとまっていました。

「さあ、これで仕上げたな」と思っていたら、安倍さんが（総理を）辞めちゃって。（後任の）菅（義偉）さんはどういう動きをするのかなと思って、それで去年の秋ぐらいから最後の仕上げに入りました。

尾中　最初に聞いてしまいますが、この本を通じて読者の皆さんに一番訴えたいのはどういうことですか。

枝野　最初に本を書き始めた時の大きな動機は「今の自民党は保守じゃない」ということでした。

日本では「保守」と「リベラル」が対立概念のようにとらえられているけれど、その前提自体が間違っています。保守と対立する言葉は「革新」だし、リベラルの対立概念は「父権主義」です。それが一番言いたいことではあります。

同時に今、私は野党第1党の代表を務めています。そう遠くない時期に総選挙がある状況で、今のような思想的ベースを背景にして、では立憲民主党が政権を取ったらどういう社会になっていくのか、どういう社会を目指しているのか、ということを、網羅的な形で示したかったのです。講演は長くても1時間ぐらいしかないし、テレビ討論みたいなところでは全体像を話せません。きちんと全体像として、自民党とは違う「目指す社会像」を示したので、それを読んでいただきたいと思います。

「支え合う日本」に込めた思い

尾中　サブタイトルに「支え合う日本」という言葉を使われました。この言葉に込めた思いとは。

枝野　菅（義偉）さんの政権になって「自助」を強調してくれたので、対立軸が非常に分かりやすくなったんですが、政治の役割は「支え合う」ことだ、ということです。

近代社会になるまでは、家族の中の支え合いとか、隣近所、あるいは親戚関係の支え合いとか、そういうもので社会はでき上がっていましたが、それが機能しなくなっています。そういう時代の政治と行政とは、「私」の世界の中で支え合えなくなっている部分を代行することであり、その方向に変わらなければならない、ということです。そういう社会をつくる政治に変わっていかないと、社会は成り立ちません。

尾中　例えば、2000年に介護保険制度ができました。それまでは「親の介護は基本的には家庭で、〝お嫁さん〟を中心にやるのが当たり前」とされてきました。その介護を「社会化」しよう、ということで作られた制度です。そのイメージを、介護以外の分野も含めて全体に広げていかなくてはいけない、ということですか。

枝野　そういうことですね。もちろんそれ以前の健康保険制度や年金制度、あるいは保育所という仕組みも、家族など「私」の世界でやっていた「支え合い」を公的なものにした、ということでは一緒なんです。しかし、介護保険制度ができた頃をピークにして、そこから「自己責任」の方向に揺り戻そうよ、というのが、日本だけじゃなく世界の一つの大きな流れだったと思います。そして、この10年ほどの間に、それが間違いだったことがかなり明確になってきたのではないでしょうか。

この流れの最たるものが「痛みを伴う改革」を掲げた小泉政権です。実は私たち、つまり当時の民主党も、小泉改革には若干、シンパシー（共感）というか、引っ張られるところがありました。

尾中　「改革競争」なんて言っていましたものね。

枝野　そうそう。だからその反省も含めて「違うよね」と言いたい。やっぱり「社会化」していかないと成り立たない、というのが、自民党との明確な対立軸だと思っています。

「支え合い」は日本の伝統である

尾中　少し本の内容に入っていこうと思います。

一般的に政治家が書く本は、最初に「今の日本や世界はこんな状況にある」と大上段に振りかぶって「その中で私はこんな社会を目指す」と続くものが多いですね。それらの本と比べると、この本は政治家の本らしくありません。第1章はまるで日本史の教科書の書き出しのようです。

枝野　ふふふ。

尾中　こういうところは報道されにくいので、今日はこの第1章について、やや厚めにうかがってみたいと思います。

第1章のタイトルは「「リベラル」な日本を「保守」する」。枝野さんは先ほど「リベラル」の価値の概念が混乱している、と話していましたが、確かにスッと入りにくいタイトルです。

この中で枝野さんは、「支え合う社会」というのは、伝統的な日本社会にもともとあった姿である、「自己責任の社会」ではなく「支え合う社会」こそが、日本社会のごく当たり前の姿だった、ということから書き始めていますね。

枝野　はい。私は民主党政権の時代から、もう15年、20年ぐらい「リベラル」という位置づけをされてきました。特に強く言われるようになったのは2017年の立憲民主党結党以降ですが、その前からずっとそうです。そのことにずっと、ものすごい居心地の悪さを感じていました。「いや、僕は保守なんだけど」と。でも、一方で「だけど僕はリベラルでもあるよね」という思いもあって……。

尾中　そうですね。「僕は保守だ」と言ったけれど、だからと言って「リベラルではない」

と言いたいわけでもない。

枝野　はい。実は（代表的なリベラルの政策の一つである）選択的夫婦別姓って、1993年に僕が衆議院議員に初当選した時の、最初の公約の三本柱の一つです。当時は選択的夫婦別姓なんて、5年ぐらいで実現すると当たり前に思っていました。そこからずーっと壁にぶち当たっていますが。

尾中　四半世紀が過ぎた今も変わっていない。

枝野　「多様な選択肢を認めるのは当たり前じゃないか」と思っています。これは「リベラル」と言われればリベラルです。そして、いわゆるカギカッコ付きの「保守派」の皆さんに抵抗されてきたわけです。

でも、日本で「強制的に同じ姓にしろ」という制度が作られたのは、明治維新の後のことです。たった100年程度の歴史しかない話なんですよ。どうして「保守」と称する人たちは、わずか100年の歴史しかない話を、金科玉条のように守っているのか、おかしいじゃないかと思いました。そこから「日本の伝統って何？」と考えるようになったのです。だから、そういうことを考え始めたのは、当選1回とか2回の時からなんです。

尾中　ずいぶん早いんだ。

枝野　そうなんですよ。僕は第1次安倍政権の時（2007年3月）に（金子一義・衆院）予算委員長解任決議案（の趣旨説明）でフィリバスター（長時間演説）に立っているんですが、そこでも似たような話をしています。なぜこんな「ねじれ」が起きているのか、日本史をもう1回振り返って位置付けてみたかったんです。

保守が「歴史と伝統を大事にする」ことだというのなら、ヨーロッパにおける保守と、アメリカにおける保守と、日本における保守は、歴史と伝統がそれぞれ違うんだから、本来違う政策を主張してもいいはずなのに、なぜアメリカの保守と日本の保守は似たようなことを言うのかとか。そういうことをできるだけ整理したいと思いました。

有権者の皆さんは普段、そんなことを考えながら生活しているわけではないでしょう。だけど、僕自身やその周辺、つまり政党を率いているところでこうした考え方が整理されていないと、理念や政策の議論をしていく中で混乱が生じてしまいます。

よく「世の中が保守化した」と言われますが、僕は当然だと思っています。今はものすごい時代の変わり目だから。時代が大きく変化する時って、みんな怖いから、できるだけ今の日常を守りたいと思うでしょう。だから、保守化するのは当たり前なんです。でも、その「保守」すべき対象とは何なのか。ここをちゃんと訴えないと、今の間違った「保守」がはびこってしまう。そんな危機感もありました。

「支え合い」の原点は稲作社会と多神教文明

尾中　枝野さんにとって「正しい保守」とはどういうものなんですか。

枝野　日本のカギカッコ付きの「保守」って、日本の歴史を明治維新以降でしか考えていないんですよ。選択的夫婦別姓なんてその典型ですけど。

尾中　安倍政権は「明治150年」の時にものすごく盛り上げを図ろうとしました。明治維新に対して過度に強いシンパシーを感じていた、と言えそうです。

枝野　もちろん明治維新以降の150年も、日本の大事な歴史と伝統です。でも、日本の歴史は1500年もあるんだから、その全体を見ましょうよ、と言いたいのです。もちろん、時代によって日本の社会も変わっていくけれど、その中で脈々と続いてきた日本社会の特徴とは何だろうか、ということは、1500年のレベルで考えないといけないと思います。

例えば、日本は昔から水田で稲作をしてきた。それが基本です。もちろんそれ以外の産業もあったけど、ベースにあるのは圧倒的に水田稲作です。それから、日本は多神教ですよね。よく「結婚式はキリスト教会で、葬式は仏教寺院で、初詣は神社で」と言われますが、もともと「八百万の神」を受け入れてきた日本ならではは、なのではないでしょうか。そのあたりからちゃんと見ていかないと「守るべき伝統とは何なのか」の答えを導けません。

尾中　今、枝野さんがおっしゃった「多神教文明」と「水田稲作を軸とした農耕社会」。多神教文明は「多様性を重視する社会」につながってくるでしょうし、「水田稲作を軸とした農耕社会」は「合意形成を大切にする」社会であり「支え合いの社会」ですよね。

枝野　村落共同体ですよね。もちろん、このような共同体には現在はいろんな悪い面、マイナス面も指摘されていて、それは近代社会の中で克服されなければいけませんが、やはり基本は「支え合い」でしょう。少なくともそのテリトリーの中にいれば、どんな人でもとりあえず生きていける。それを建前にしていたのが日本社会だと、僕は思うんです。

尾中　（水田稲作を軸とした農耕社会では）少なくとも水の管理などを考えたら、誰かを排除したら集落全体がダメになってしまいますね。そういう「１５００年の日本の伝統的な歴史」というのは、明治維新のような大きな世の中の変化を経た後も、現代社会にも生きている、ということでしょうか。

枝野　保守政権―カギカッコ付きだけどね―と言われていた自民党政権のもとで、国民健康保険とか、先ほど話に出てきた介護保険制度といった、いわゆる「支え合い」の制度がつくられてきました。アメリカでは民主党が進めて、共和党が反対するような政策です。もちろん、当時の野党だった社会党などがどんどん自民党を突き上げた結果だ、ということはあるかもしれませんが、自民党の内部に、こういう価値を大事にするというベースがなければ、彼らがこうした政策を進めることはなかったと思います。

尾中　そうですね。自分たちの中に持っている価値観でなければ、野党から突き上げられても取り入れる必要はなかった。

枝野　実際に1993年までは55年体制で、自民党がずっと政権を握っていたんですから、別に社会党の言うことを聞く必要はなかったわけです。

こんな大がかりなシステムができたのは、当時の自民党の中に「支え合い」とか「共生」ということを大事にするのが日本の歴史と伝統であり、それを大事にするという流れがあったからだと思います。象徴的に言うと、宏池会とか、かつての経世会とか、吉田茂以来の流れというのは、やっぱり「多様性」とか「支え合い」ということに、かなり親和性を持っていたと僕は思うし、それは一定の評価をすべきだと思いますね。もちろんアメリカの民主党と比べてどうかとか、いろんな評価はあるでしょうが。

ただ、少なくともこの20年ぐらいの間に、自民党の中からそういうものが一気になくなってしまいました。

自民党はなぜ変質したのか

尾中　この20年の間に、自民党に何が起きたと思いますか。

枝野　やはり小選挙区制度の影響だと思います。

小選挙区制度を導入する時に言われていたのは「二大政党と言っても、それぞれの政党が（有権者の）「真ん中」のボリュームゾーンを取らなきゃいけないから、やがて主張が似通ってくるのではないか」ということでした。ところが、実は全然そうではありませんでした。

よく考えてみれば、いわゆる小選挙区制度が中期的に機能している国と言えば、アメリカとイギリスですが、どちらも二大政党が「真ん中」に寄ってきているわけではありません。そうでしょう？　アメリカの大統領選挙だって、（民主党の）オバマに振れて、次は（共和党の）トランプに振れるわけですから。「（政党の主張が）真ん中に寄ってくる」ということは、一つの仮説ではあったんだけど、世の中は全然仮説通りに動かなかった。

むしろ自民党はエッジを立てたわけです。自民党は、党内に「リベラルでない政治勢力」と「リベラルで、日本の歴史と伝統に親和性の高い勢力」を両方抱えて、党内で疑似政権交代を繰り返しながらうまく政権を維持してきたのですが、選挙区で1人しか当選しない小選挙区制を軸にして30年近くやってきた結果、そのあいまいさでは選挙にならなくなり、どんどんエッジを立てていきました。そして、かつての田中派や大平派みたいな存在が、党内で生存できる余地が減ってしまいました。それがこの20年あまりの自民党の歴史だと思います。

尾中　偶発的な出来事だったかもしれませんが、2005年の郵政選挙は、小泉純一郎首相がいわゆる「（同じ自民党にいた）郵政反対派の選挙区に刺客を立てる」というすごい選挙でした。あの時に郵政反対派として刺客を立てられた人たちは、今枝野さんがおっしゃったような派閥の人たちが多かったですね。

枝野　国家が暮らしの現場を直接支えるための機能って、実は郵便局しかなかったんですよ。国が直接「支え合い」の機能を果たしていた数少ない制度を、小泉さんは壊そうとした。まさに「支え合い」を否定する路線だったわけで、それは日本においては「保守」じゃない。1500年の日本の歴史と伝統を守ることに反しています。

かつての自民党にあった、日本の歴史と伝統を大事にする、支え合いを大事にする勢力が、どこかへ飛ばされてしまった。その象徴が郵政選挙だった、ということなのでしょうね。

尾中　先ほどの「2大政治勢力になったら政策がだんだん「真ん中」に寄ってくる」という考え方は、私も新聞社にいた時に、ものすごく聞かされました。でも、よく考えてみたら、確かにアメリカやイギリスの二大政党制は、必ずしもそうなっていない。野党がもっと早くそういうことに気が付けば良かったのかもしれないけれど、野党側もそういう言葉を真に受けて、真ん中に寄っていかなきゃいけない、エッジを立てていけない、キャッチ・オール・パーティー（包括政党）にならないと政権は取れない、という呪縛に、長いこととらわれた点があったかもしれないですね。私自身の反省も含めてですけれども。

枝野　そうですね。

尾中　自民党がエッジを立てていって、党内にある「支え合い」の勢力が失われるなかで、これもまた郵政選挙と同じくらい偶発的な出来事だったかもしれませんが、2017年に起きた「希望の党騒動」で（民主党から改称した）民進党が分裂して、枝野さんが率いる旧立憲民主党が誕生しました。これも歴史の必然だったんでしょうか。

枝野　何をきっかけに起きたかは別として、歴史の必然だったと思います。現在の自民党は、僕から言わせると全然保守ではありません。日本の1500年の歴史と伝統に反します。本来の伝統的な「保守」の存在空間が自民党から消えていく中で、我々がもう一つの対抗勢力として、その立ち位置に収斂されていくというのは、必然だったと思います。

尾中　立憲民主党が、いったん分かれてしまった国民民主党の大部分の方々と一緒になられたりして、新しい立憲民主党が立ち上がりました。同じタイミングで自民党の側も総理が交代して、菅義偉さんになられました。菅さんはまたエッジを立てて「自助」という言葉をすごく強調されていますよね。

2大政党の構図がこのような形になったということは、「目指すべき社会を選択する」という意味においては、日本の政治にとって望ましいことであったのかと。

枝野 25年もかかってしまったのは反省しています。93年体制と言うべきなのか、96年体制と言うべきなのか、小選挙区制度の導入で55年体制は終わったわけです。そこから、小選挙区制度を前提にした2大政治勢力をどういう形で作るのか、という模索に、25年もかかってしまった。それは反省点です。それは特に野党勢力の側、非自民勢力側の方に大きな原因があった。そのことへの反省はありますね。

尾中 なるほど。

枝野 だから同じ失敗をしてはいけない、という問題意識が、先ほどからお話ししている「保守論」の背景です。

新型コロナウイルス感染症がもたらしたもの

尾中 新型コロナウイルス感染症の問題が、昨年（2020年）になってどっと日本に押し寄せてきました。ある意味で「支え合う社会」のありようが、即刻問われるような局面だったと思います。枝野さんは、コロナ禍が突きつけた日本の課題をどのように整理していますか。著書では「目先の効率性に偏重した経済」と「過度な自己責任社会」、さらに「小さすぎる行政」という三本柱を立てて語っていますね。

枝野　小泉さんに象徴される、1993年以降の自民党の大きな流れというのは、アメリカの共和党、イギリスの保守党、つまりレーガン（米大統領）とサッチャー（英国首相）の流れ、いわゆる新自由主義と呼ばれるものですが、これを保守する政党になったんですよ。日本の歴史と伝統ではなくて、アメリカの保守やイギリスの保守こそが「保守」なんだと。

尾中　レーガノミクスやサッチャリズムが1980年代にどっと流入されて、それをずっと守っていこうという流れでした。

枝野　まさに「小さな政府」、リベラルの対極です。政府は小さいほどいい、政府はできるだけ私生活には介入しないという「自己責任」の流れですね。それが日本の歴史と伝統だという勘違いのもと、「保守」政党化がどんどん進んでいった。それは大きな世界的なトレンドでもありました。

しかしその流れは、感染症がなくてもすでに行き詰まっていたと思います。その象徴の一つが、アメリカのトランプ現象だったのではないでしょうか。

安倍さん（晋三元首相）とトランプさん（前大統領）って、実は似ているんですよ。行き詰まっているから、逆にアクセルを踏んだ。そして結局トランプさんは、アメリカの社会も経済もめちゃくちゃにしてしまいました。一方、ヨーロッパではイギリスのEU（欧州連合）からの離脱とか、移民排斥みたいな動きが台頭して、社会の不安定要素を拡大させてきました。
スペイン風邪の流行は世界史の教科書に載っているほどの話ですが、それと同じか、もっと大きいかもしれないCOVID-19というパンデミックによって、その行き詰まりに否応なく直面せざるを得なくなったというのが、今の世界の状況だと思います。仮にCOVID-19がなくても、いずれは同じ状況を突きつけられていたとは思いますが。

「支え合い」は「弱者保護」とは違う

尾中　「支え合いの社会」の理念を形にする時がいよいよやってきた、ということだと思いますが、改めて「支え合い」とは何を意味するのかについてお聞きしようと思います。「支え合いの社会」を「弱者保護」と受け取っている人が、少なからずいます。しかし、枝野さんは「弱者保護」という形でものを考えることには限界がある、と主張されていますね。「支え合いの社会」と「弱者保護」は似て非なるものだと。どういうことなのか、少しご説明いただけますか。

枝野　「特定の弱者を支える」というのは「圧倒的多数が強者である社会」でなければできないんですよ。少なくとも民主主義社会である限りはね。

尾中　と言いますと？

枝野　だって、自分のことに手一杯な時に「もっと気の毒な人を助けよう」という気持ちを持てる人って、残念ながら数少ないと思うんですよ。

尾中　そうですよね。

枝野　高度成長時代というのは、実は「弱者保護政策が機能する珍しい時代」だったんです。昭和25年ぐらいから、ギリギリ昭和の終わりぐらいまでの時代は、程度の差はあれ、ほとんどの人が昨日より今日、今日より明日と豊かになっていきました。

尾中　ちょうど枝野さんが育ってきた時代です。

枝野　実はこんな時代は珍しいんです。「私は大金持ちではないけれど、以前よりずっと豊かになっているんだから、少しくらい他の人を助けましょう」。こんなことは、世の中の8割、9割が「社会や経済が良くなっている」と自覚している社会でなければできません。

尾中　自分の生活に心配のない状況であったからこそ「弱い人を助けよう」という気持ちも生まれた、ということですか。

枝野　そうです。でも残念ながら、今はそうではありません。相当なお金持ちでさえも、将来を不安に思っています。今まさにCOVID-19で突きつけられていることですが、医療サービスの提供が量的にも質的にも不十分であれば、どんなにお金を持っていても、重症者用の病棟に入ることはできません。だから、志村けんさんのような方も亡くなってしまいました。

　介護だってそうです。民間企業や公務員の仕事を定年まで勤め、厚生年金や共済年金を満額でもらえる人がいるとします。60代や70代ぐらいの人たちなら、持ち家や分譲マンションを持っていて、預貯金もそれなりにある人が多いんじゃないでしょうか。

　でも、この人たちの介護の不安はものすごく大きいです。まず、要介護状態になった時、公的介護サービスを受けられるかどうかが分からない。寝たきりになったら特養（特別養護老人ホーム）に入れるのかどうか、というところから話が始まるわけです。

　さらに、医療も含めてお金がいくらかかるのか分かりません。介護はいつまで続くか分からないからです。仮に70歳で寝たきりになったとして、100歳になるまで30年間お金が必要になるかもしれません。

尾中　人の寿命は分かりません。介護が30年で終わるか、1年で終わるか分からなければ、みんな30年分の介護に耐えられるお金を貯めようとします。必然的に、お金は市場に回らなくなる。そういうことですね。

枝野　こんなにみんなが将来に不安を抱えているのに、所得の観点からも、実質所得が増えている人は多くありません。そんな中で、どんなに公平公正で厳格な審査をしたとしても「弱者をみんなで助けよう」と思ってもらえるかどうか。このような社会では、弱者保護の政策は多数派にはならないんです。

だから、弱者を保護するのではなく「みんながお互いに支え合う」のだと、位置づけを変えなければなりません。お金のあるなしにかかわらず、今公的サービスが必要な人に、必要なだけのサービスを提供するのです。

尾中　お金持ちもお金のない人も、介護が必要になればサービスが提供されると。

枝野　その上で、お金持ちの人は、自分のお金でサービスを上乗せすればいいのです。生きていくために最低限必要なサービスについては、例えば家族や親戚や隣近所に頼らなくても、公的に支えられる。そういうベース（社会的基盤）を作っていかないと、社会は成り立ちません。そして、こういうベースを作れば、国民の安心感が高まり、結果的に経済を回すことにつながります。「支え合いの社会」は弱者保護とは全く違う、ということは、特に強調したいですね。

「情けは人のためならず」の本当の意味

尾中　枝野さんはよく「情けは人のためならず」という言葉は本来の意味で使われていない、とおっしゃっていますね。

枝野　「情けをかけると人のためにならないから、人に情けはかけない方がいい」という意味だと勘違いしている人たちがたくさんいます。でも、そういう勘違いをしたくなる世の中になってしまったんですよね。

尾中　そちらの意味の方がすんなり理解できるような社会になってしまって、それが言葉の誤用を生んだのかもしれません。

枝野　本当の意味は逆で「誰かのためにと思ってやったことが、めぐりめぐって自分に返ってくる」という意味です。間違った使い方が広がるような社会にしてしまったのは、政治の責任だと思います。今の政治は世代間対立をあおるんですよ。例えば年金。「お年寄りの年金を若い人に回せ」とかね。

違うんですよ。年金制度がなければ、若い人が困るんです。

例えば、あなたが大学生の若者だとします。あなたにはご両親がいる。今は長寿社会だから、ご両親のご両親、つまり祖父母が4人ご健在だったりするわけです。合わせて6人いるわけです。この人たちが定年退職などでリタイアした後、もし年金制度がなかったら、あなたは6人分の生活費の面倒を全部見ることになります。それでも年金制度は、お年寄りのための制度なんですか、と聞きたい。

介護保険制度もそうです。こういう制度がきちんとしていないと、何が起こるか分かりますか。例えば、あなたのご家族の誰かが急に寝たきりになった。ご両親が2人同時に（要介護状態に）なるかもしれません。誰が面倒を見るんですか。あなたが仕事を辞めて、面倒を見るしかなくなります。それを防ぐために介護保険制度があるのです。年金制度も介護保険制度も、本当は若い世代のためのものなんですよ。

こういうことを政治が言わない。言わないどころか、逆に世代間の対立をあおってきました。私はこの逆をやりたいんです。若い人たちが、親や祖父母の世代のいろんな偶然、例えば長生きするかしないか、寝たきりになるかならないか、ということに左右されずに機会の平等が与えられる状況をつくるためには、老後の最低限の生活や医療や介護を社会的に、公的に支えることが必要です。そのお金を国民みんなで出し合えば、そのリスクを軽減できます。

尾中 介護保険制度があるから、あなたはいざという時に介護離職をしないで済むと。

枝野 ヤングケアラーという言葉が、ようやく社会的に認知されるようになってきました。現役世代の介護離職も、本当に深刻な問題です。まさに「支え合い」が必要なんです。

社会保障の充実こそ真の経済対策

尾中 枝野さんが「支え合いの社会」という話をすると、古いタイプの経済学者さんから「支え合いが必要なのは分かるが、経済成長にはマイナスだ」と言われることが少なからずありました。社会保障は経済の足を引っ張る、という発想なんですね。枝野さんも「社会保障ばかり主張する野党は経済政策がない」と散々言われてきたと思うんですが……。

枝野　「だって、その経済対策って成功してないじゃない？」ということです。

こんなに規制緩和をやり、公共投資をやり、金融緩和をやってきた。でも、この30年間の日本の経済成長は、先進国で最低レベルなんですよ。なぜ最低なのか、という本質を見なければいけません。

日本がビジネスの最前線やものづくりの世界で、国際的な競争に負けたわけではありません。輸出はそれなりに伸びているんですから。新興国がどんどん追い上げてくるので、先進国は全体にきつくなりますが、先進国同士で並べた時に、日本の輸出の伸びは決して悪くないんですよ。

ただ、先進国の中で日本だけ、圧倒的に国内でお金が回っていません。国内消費が伸びないんです。なぜ伸びないのかと言えば、先ほどからの話にあるように、私たちは100歳まで生きるか、60歳で死ぬか分かりません。みんな100歳まで生きる前提でものを考えていて、でも年金制度は不安だ。医療保険も介護保険もあてにならない。だから、全員が100歳まで生きる前提でお金を貯めて、使おうとしないのです。消費が落ち込むのは当たり前です。その結果格差が拡大して、お金を使いたくても使えない人が増えています。

こういう現状に、従来型の経済政策は何も役に立っていません。時代遅れだからです。

昭和の経済政策ばかり口にしている人たちは、明らかに時代に取り残されています。黒船がやってきたのに攘夷だと騒いでいた幕末の人たちと変わりません。

尾中 さっき枝野さんは、55年体制下の自民党は「支え合いの社会」の政策を党内に内在していた、とおっしゃいました。その55年体制の時代にこそ、高度経済成長が成し遂げられ「一億総中流社会」が出来上がった。「支え合いの社会」を作る政策は、経済を成長させる上で一定の合理性があると考えられますよね。私たちは過去の政治に、そういう成功例があるのを分かっているはずですよね。

枝野 一億総中流社会を作り上げた理由の一つは、終身雇用制だと思っています。しかし、この30年は「終身雇用制は間違いだ」といって、雇用の流動化が叫ばれてきました。できるだけ雇用を非正規化して、正規雇用や終身雇用をどんどん減らしていったんですね。

その結果何が起きたかと言うと、まず所属している企業に対するロイヤリティ（忠誠心）が、どんどん落ちていった。

尾中 そうですね。

枝野 愛社精神がなくなり「この職場で一生勤める」ことを期待しない人が、企業の中でオン・ザ・ジョブ・トレーニングでスキルを高めることに関心を持つはずがない。働くことのモチベーションはものすごく下がるし、当然、生産性も下がります。

終身雇用型の雇用形態を「壊しすぎた」と思います。アメリカ、ヨーロッパ並みにしようとしすぎて、結果として日本の競争力の源泉だった「企業に対するロイヤリティ」や「企業内のオン・ザ・ジョブ・トレーニング」といった日本的な「支え合い」の強みを捨てることにつながりました。それが経済が停滞している一つの理由でもあります。

尾中　終身雇用制をもう少し修復すべきだと？

枝野　僕はそうすべきだと思います。もちろん、働く人たちの5％、10％ぐらいは「オレは自己責任でやっていく」という思いを持って、雇用の流動性が高まるなかで自由に転職したりしてもいいと思いますが、働く人の8割9割は、そんなことはやりたくてもできません。

やはり原則は、終身雇用で働く、つまり正社員になる、ということであるべきだと思います。実は高度経済成長時代でさえ、終身雇用で働けた人は8割、9割には達していないのですが、少なくとも、希望すればそういう働き方ができ、人生設計を立てられるベース（基盤）がないといけません。労働者を雇う側も、雇った以上は「私たちはこの人の人生に責任を負う」という意識を持つことが必要です。それでこそ、企業に対するロイヤリティやモチベーションが生じるんだと思います。

尾中　この10年、20年くらいで「会社は誰のものか」ということが問われるようになりました。「会社は従業員のものか、株主のものか」が対立軸のように言われて、やがて「会社は株主のもの」と考える風潮がかなり強まっていきました。これを少し逆回転させせなけれぱいけない、ということでしょうか。

枝野　そうですね。

消費税だけを見ていてはいけない

尾中　ところで、これだけ「支え合いの社会」を作ろう、ということになると、どうしてもかなり大きな財源が必要になってきますよね。財源論についてはあちこちで聞かれていることだと思いますが、改めてお考えを聞かせていただけますか。

枝野　財源論というと「消費税はどうするんだ」とか「保険料をどうするんだ」とか、個別の税目に特化した、つまりは矮小化する議論ばかりやってきたのですが「違う」と言いたいです。

　最近よく指摘されるようになりましたが、平成元年（1989年）に消費税が導入されて以降の約30年、社会保障の財源として負担をお願いしてきた消費税収の総計と、消費税が導入された平成元年当時の税率で法人税や所得税を徴収したと想定して、そこから目減りした税収の額って、ほぼイコールなんですよ。

尾中　消費税を増税した分を、結果的に法人税や所得税の減税にあてた形になっている、ということですね。

枝野　結果的にはね。法人税や所得税の税率を、消費税を導入した平成元年当時の税率に戻すだけでも、相当な財源が生み出せます。

法人税率を上げることは、今や世界のトレンドになっています。アメリカではバイデンさん（大統領）も「下げすぎた」と言っていますね。未だに「法人税を下げろ」みたいな議論をしているのは、時代に完全に取り残されていると思います。

もう一つ。日本の金融所得課税はあまりにもひど過ぎます。働いて稼いだお金より、金融所得の利子や配当の方が税率が低いなんて、明らかにおかしい。

尾中　汗水流して働いてきた人たちは、たまったものではないですよね。

枝野　やっぱりそういうこと（金融所得課税の見直し）をきちんとやっていくべきです。

尾中　30年間、税目だけじゃなくて、社会保険も含めてトータルの国民負担のあり方が語られるべき時に、消費税という単独の税目が、ものすごくキャッチーな言葉として常に注目されてきました。なぜだと思いますか。

枝野　財務省に乗せられているんです。「消費税を下げろ」と言っている人も含めて、財務省の掌の上で踊らされているんですよ。

政治家や国民が個別の税目の議論に集中してくれるほうが、財務省にはありがたいのです。財務省や税務署は「こっち（個別の税目）はこれだけ取れるから、こっち（別の税目）は抑えて……」みたいな話は「オレたちが全部、一元的にやるものだ」と思っています。政治家や国民の皆さんは、個別の税目のようなミクロの話にこだわっていてくればいい。その方が、彼らにとって都合が良いのです。私たちはそれに乗せられています。

尾中 なるほど。税や保険料を徴収するということについては、国民ももう少しトータルな広い視野で考えないといけない、ということですかね。

哲学のない各論はもろい

尾中 だんだん終わりの時間が迫ってきました。YouTubeでごらんになっているたくさんの方からコメントをいただいています。どうもありがとうございます。読みましょうか？

「今のお話をどういうふうに（具体的な）政策と結びつけるのか知りたいです」

枝野 今日の、特に前半の「保守論」の話などは、まさに政策のベースになる部分です。「ベースになる哲学がない各論」ってもろいんですよ。

2009年に民主党が政権をいただいた時、国民の皆さんの期待に応えきれなかったのは、例えば、子ども手当というのは普遍主義っていう……説明すると長くなるので今日はやりませんが、非常に明確な理念と哲学に基づいています。でも、そのことを当時、民主党の党内でも共有されていませんでした。子ども手当の理念について分かった上で訴えていた議員は、当時20人いたかどうか。

尾中 子ども手当がどういう理念に基づいて生まれた政策か、ということが党内で理解されていれば「所得制限をかけてはいけない理由」も明確に説明できたと。

枝野 はい。当時の野党だった自民党から「バラマキだ」と攻撃された時に、みんなでそろって打ち返せたはずです。だけど「こういう哲学に基づいてこの政策を訴えている」という支えがないまま「有権者の評判が良くて票になりそうだから訴える」などという考えでいると、ちょっと攻撃されたらうろたえてしまうんです。これでは期待に応えられる政権は作れません。

「有権者に受けるから」ではなく「こういう哲学に基づいてこの政策を訴える」ということを共有できなければ、私たちは2009年と同じ失敗をすると思います。そうならないように、今日はその「ベースのところ」をお話ししました。

尾中 (読み上げ)「執筆を始めた7年前と比べて、枝野代表の中で一番考えが変わったり、認識が改まったりしたことは何ですか」

枝野 うーん。あまり変わっていないですね。私の講演を前から聞いていただいている方は「10年前から同じことを言っているよね」と思っているんじゃないでしょうか。

あえて言えば、自信がつきました。ここで訴えたことは、もちろん次の選挙で勝って実現したいけれど、それだけでなく、50年後には間違いなく評価されるという自信を、かなり持っています。

尾中　（読み上げ）「世の中が保守化している」とは、どこを見てそう思われるんですか」

枝野　私が「保守化」と言っている意味は、つまり１５００年の歴史や伝統を守りたいということです。今自民党が言っている「保守」は間違っているので、その意味ではありません。

今は大きな変革期です。20年前のことを守ることは、もうできません。「バブル再び」も「高度成長再び」も、もうないんです。ただ、あのバブルや高度成長のような時代が続いてほしい、輝いていた昭和の時代のようなことが続いてほしい、という心理は、国民の潜在意識の中に間違いなくあるでしょう。これはやはり保守的な心理だと言えると思います。

尾中　オリンピックをやりたがったり、万博をやりたがったりというようなのも「あの時代再び」ということかもしれないですね。

枝野　そうですね。ただそれを守る、つまり「昭和の時代に輝いていた（日本の）良い部分」を残したい、と考えた時、例えば終身雇用制を破壊しておきながら、昭和のような「一億総中流社会」を復活するなんてできっこないでしょう、と言いたいわけです。

尾中　（読み上げ）「日本の中間層はまた分厚くなれるでしょうか」

枝野　しなきゃいけないんですよ。「中間層が分厚い」とは「内需が回る」ということです。できるだけ国民みんなの所得が平均的であった方が、トータルの消費は増えるんです。
発展途上国が先進国になれるかどうかの分かれ目になるのは「中間層を作れたか」です。相当頑張って成長してきたのに、途中で止まってしまって先進国になれない国は、中間層を作れていません。
幸い、日本は中間層を一気に作ることができました。江戸時代から続く日本の伝統と歴史をうまく生かして「ぶ厚い中間層」を作ることができたから、外需で成長できて、高度成長することができたんです。その外需で伸びたものを、スムーズに内需に回す構造ができたんです。日本が先進国であり続けるためには、中間層を取り戻すしかありません。人口1億人を輸出だけで食べさせていくのは不可能なんですから。

尾中　もうちょっと行きましょうかね。（読み上げ）「立憲民主党の中長期の目標には、選挙制度改革も含まれるでしょうか」

枝野　私の中長期の目標には入っていません。参議院における合区の問題とか、そういう意味では現行選挙制度の微修正はありますけど、政権選択をするための小選挙区制度については、僕は衆議院においては、これがベターな制度だと思っています。
もちろん、当事者として選挙を戦ってきたので、制度の弊害はものすごく分かっています。死票は確かに多いです。一方で、政権交代が起こりやすい制度であることも確かです。大きな二つぐらい（の政治勢力）に分かれて、国民の皆さんに政権を選んでいただき、うまくいかなかったら違う方にやらせてみる、という形が必要だと思います。

尾中　最後の質問です。（読み上げ）「枝野さんが好きな、または尊敬する歴史上の人物は誰ですか」

枝野　（太平洋戦争を終結させる決断をした元首相の）鈴木貫太郎さんです。僕の名前の由来である尾崎咢堂（行雄）さんはもちろん尊敬していますが、日本の歴代総理大臣の中では、最も偉大な仕事をした総理大臣は鈴木貫太郎だと思っています。

鈴木さんは日本の歴史を良い方向に１８０度転換させました。当時の状況ならクーデターが起きかねない中で、一種の「無血革命」をしたんです。8月15日の終戦とはそういうことです。政治力も決断力も腹の据わり方も素晴らしい。あの決断があったから今の日本があるわけです。

尾中　ある意味、撤退戦の最たるものですよね。

枝野　そうですね。

尾中　政治家というと、バラ色の未来を描いて「私はこういうことをやりたいんだ！」というようなことをおっしゃる方が多いけれど……。

枝野　その人は政治を分かっていないですね。例えば菅直人さんだって、東日本大震災の対応がやりたくて総理大臣になったわけではありません。そういう意味では菅《すが》さん（義偉首相）だって、たとえご本人にどんなにやりたいことがあろうと、今の局面はCOVID-19を抑えることが、彼に与えられた責務なのです。

その時代、その時代ごとに、政治のリーダーというものは、自分の「やりたいこと」をやる、ということではいけません。「その時代にその国において政治指導者がやらなければならないこと」をやるのが、政治家の仕事です。「あれがやりたい、これがやりたい」と思ってやる仕事ではないと、僕は思っています。

第3章の解説

尾中香尚里

第1章で枝野氏は、野党第1党の役割について、党の政治理念を大きく掲げ、政権与党に対し「目指す社会像」の選択肢を掲げることだと指摘した。与党・自民党は長年「小さな政府」「官から民へ」という大方針のもと、新自由主義的な「自己責任の社会」づくりを進めてきた。立憲民主党はこれを逆回転させ、公的セクターによって一人ひとりの国民の命と暮らしを支える「支え合う社会」への転換を図る。それが経済成長にも役立つ、との考え方である。

第2章では、立憲民主党が「目指す社会像の選択肢」となるためにどうあるべきかということを、2大政党制を志向した小選挙区比例代表並立制が衆院に導入されて以降約30年にわたる日本の政治を俯瞰しながら解説した。野党第1党の立憲民主党が自力で野党の中核を成した上で、方向性を共有する他の政党や政治勢力の協力を仰ぐ形で「大きな構え」を作るべきだ。平成の政治で追い求められてきた、理念そっちのけで規模だけを追い求める「古い野党再編」から脱却しなければいけない、と訴えたのだ。

「党の理念」「目指す社会像」を常に強調してきた枝野氏。それが最初にまとまった形として示されたのが、立憲の初代代表時代の2021年5月に発売された著書『枝野ビジョン 支え合う日本』（文春新書）だった。そして、この本の発売記念トークイベントがオンラインで開催され（当時は新型コロナウイルス感染症の拡大で、対面でのイベントを開くのが難しい状況だった）、筆者は聞き手としてイベントに参加した。第2章とは立場が逆である。

2024年9月の立憲民主党代表選で発表された「枝野ビジョン2024」の原点が、ここにあると言える。

この本はもともと「枝野氏の目指す社会像」を示す目的で書き始められたのではなかった。当時の枝野氏の関心は、自民党の第2次安倍晋三政権が「保守」政権として認知されていることへの違和感にあった。安倍政権は保守政権なのか。本当に日本の歴史と伝統を大切にしているのか――。

枝野氏は、安倍氏に代表される日本の「保守」派が大事にする「日本の歴史と伝統」とは、明治維新以降の150年あまりのものでしかない、と考える。「保守」派が忌み嫌う選択的夫婦別姓が良い例だが、夫婦が同じ姓を名乗らなければいけない制度は、明治以降に作られたものである。

それでは、江戸時代以前の歴史も含めた「日本の歴史と伝統」の基本は何か。枝野氏はこれを「水田稲作を軸とした農耕社会」「八百万の神を受け入れてきた多神教文明」にみる。そして前者に「合意形成を大切にする支え合いの社会」、後者に「多様性を重視する社会」をイメージしている。諸説あるところかもしれないが、少なくとも枝野氏は、こうした「日本の歴史と伝統」のイメージから、立憲民主党結党当時の「支え合う社会」という理念につながるものを見いだしつつあった。

ちなみに、枝野氏は対談で「リベラルの対立概念は「父権主義」」とも語っている。枝野氏はこの時点で「自己責任社会vs支え合いの社会」という経済政策的な対立軸と並んで「個人を重視するvs国家を重視する」という「国のあり方」的な対立軸も、すでに思い描いていたことがうかがえる。

この「支え合いの社会」を政策に落とし込むとどうなるのか。枝野氏は介護保険制度の創設（2000年）などを例に、こう語った。

「家族など「私」の世界でやっていた「支え合い」を公的なものにした。しかし、介護保険制度が出来た頃をピークにして、そこから「自己責任」の方向に揺り戻そうよ、というのが、（日本の政治の）大きな流れだったと思います。この10年ほどの間に、それが間違いだったことが、かなり明確になってきたのではないでしょうか。（中略）やっぱり「社会化」していかないと成り立たない、というのが、自民党との明確な対立軸だと思っています」

振り返れば、民主党政権の代表的施策だった「子ども手当」にも、それまで家庭内に押し込められていた子育ての「社会化」、つまり「子どもは社会で育てる」という理念があった。所得制限を設けなかったことは「親の所得に関係なく、全ての子どもを社会全体で育てる」という「普遍主義」の考え方に基づいたものだった（対談の本編で枝野氏が説明を端折った部分を、ここで補足しておく）。

最近の自民党政権は、こうした「社会化」を揺り戻し、再び家庭や企業の中に押し込めようとしているように見える。民主党政権の子ども手当については、野党だった自民党が「バラマキ」と猛批判した。財政面もさることながら、自民党内には「子どもは家族で育てる」という価値観が根強く、おそらく「子どもは社会で育てる」価値観自体への強い拒否反応があったのだろう。最近の政策で特筆すべきは、訪問介護の基本報酬引き下げ（2024年4月）だ。多くの訪問介護事業所の廃止や休止が増え、結果として介護が家族内に引き戻される可能性が指摘されている。

介護は家庭内で行われるべきものなのか、社会全体で支え合うものか。社会観が違えば、個別の政策選択も当然変わってくる。私たち国民が選挙で選ぶべきなのは、そういうことのはずだ。個別の政策以前に、その奥にある「どんな社会をつくろうとしているのか」という理念を、政党は国民に示さなければならない。

「保守とは何か」という枝野氏の模索は、所属した民進党（民主党から改称）の事実上の解党、立憲民主党の結党と野党第1党への躍進という政治的出来事を経て、やがて「野党第1党の党首による「目指す社会像」の提示」として結実した。この間に経験したコロナ禍という「国難」は、自民党的「自己責任社会」から、立憲民主党的「支え合う社会」への転換の必要性を、枝野氏にさらに強く認識させることになったようだ。

『枝野ビジョン』は2021年の著書である。枝野氏はこの年の秋に行われた衆院選で立憲民主党が公示前議席を減らしたのを機に党代表を辞任し、その後は一議員として見聞を広めた。今回の代表選で示された「枝野ビジョン2024」に比べれば、やや理念的に過ぎるところや、表現ぶりなどすでにやや時代を感じるものもある。それでも、枝野氏がことあるごとに、政党が「理念」を語る重要性を訴え続けている意味を知る、貴重な題材にはなるだろう。

政治理念の話とはやや異なるが、筆者がこの対談で強く印象に残っているのは、最後に視聴者の皆さんからの質問を読み上げた時のことである。「尊敬する歴史上の人物」についての質問に、枝野氏は迷わず「鈴木貫太郎」と答えた。太平洋戦争の終結を決断した元首相。国民に拍手喝采される華々しい実績を残した人物ではなく、ある意味究極の「泥をかぶった」政治家と言える。枝野氏が思い返していたのはやはり、官房長官時代に対峙した東日本大震災だった。

「菅直人さんだって、東日本大震災の対応がやりたくて総理大臣になったわけではありません。菅《すが》さん（義偉首相＝当時）だって、たとえご本人にどんなにやりたいことがあろうと、今の局面はCOVID-19を抑えることが、彼に与えられた責務なのです」

「政治リーダーというものは、自分のやりたいことをやる、ということではいけません。『その時代にその国において政治指導者がやらなければならないこと』をやるのが、政治家の仕事です。あれがやりたい、これがやりたい、と思ってやる仕事ではないと、僕は思っています」

「政治指導者の責務」について、明確に自らの考えを示した枝野氏。その時がいつ訪れるかは分からないが、本人の中に「首相になる覚悟」はすでにできている、と実感させられる場面だった。

2024年秋。同時期に行われた自民党総裁選と立憲民主党代表選で、枝野氏を含むそれぞれの候補者たちが語った「国を背負う言葉」から、読者の皆さんは何を感じただろうか。

第2章と第3章で収録したトークイベントは、現在もYouTubeで見ることができる（書き起こしの際に若干の編集を行っている）。興味のある方はぜひ全編を動画でごらんいただきたい。

第4章

「綱領」のもとに結集した新立憲民主党

旧立憲民主、旧国民民主両党などの合流を受けて

2020年9月28日

尾中　これまで「政党間の合従連衡にはくみしない」と訴えていました。今回の新立憲民主党の結党（2020年9月）は、過去の野党の合併とどう違うのですか。

枝野　二つあります。一つは、これまで1年間、野党の共同会派として国会で活動してきたこと。もう一つは、先に新党の綱領案をつくり、賛同する皆さんが「一つの旗」のもとに集まる、というプロセスを可視化できたことです。

3年前の希望の党騒動で、当時の民進党が事実上分裂しました。野党が小さな政党に分かれたことで「政府に対する行政監視機能」がものすごく劣化してしまいました。立憲民主党と国民民主党という、衆議院で50人くらいの二つの政党が、国会の中で同じことを別々にやっていて、役割分担しきれなかったのです。

ただでさえ野党は人が足りないのに、このままでは力が発揮できない。それで、昨年の大型連休のころから「夏の参院選後に共同会派を」と考え、実現しました。

希望の党騒動で、野党はお互いの違いを増幅するようなプロセスを取らざるを得ませんでした。しかし、野党第2党が希望の党から国民民主党に変わり、理念や政策が一定の幅の中にある、と判断できました。結果論ですけど。

共同会派で活動するなかで、互いの理念や政策がずれていないと確認できました。「違う政党を無理やり一緒にする」のではない形でまとまれると思いました。

合流に先立ち「新党の綱領案を先に作ってほしい」と注文しました。その結果、新たな綱領案に「この指止まれ」という形ができました。これも結果論ですが、3年前に「違いが増幅される」経験をしたことで、逆に何が共通項というか、何が旗印なのかを再認識できたのではないかと思います。

尾中　合流の理由として、新型コロナウイルスに言及しました。

枝野　コロナ禍が合流の背中を押したのは確かです。私は、安倍（晋三）さん的な立憲主義の破壊は、安倍政権が終われば一定の揺り戻しはあるだろうし、回復は可能だと思っていました。でも国民生活はそうはいきません。一度経済や社会が壊れたら、回復は不可能です。「オリジナルの立憲民主党を時間をかけて大きくする」と悠長に構えるプロセスは許されないと感じたのです。

尾中　新立憲民主党結党で「過度な自己責任社会」vs「互いに支え合う共生社会」という対立軸が明確になったと主張しています。

枝野　自民党の新自由主義的な色彩は、平成に入ってどんどん強まっていき、小泉政権で完全にかじを切りました。競争を加速することに価値を置き、その裏返しとして自己責任を迫る。競争のためには規制は少ない方がいい、行政も小さい方がいいと。

一方の野党、特に1990年代から2000年代前半にかけての民主党は、こうした小泉的、新自由主義的な改革に「色目」を使ってきたことは否定できません。反省を込めて言いますが、私自身もそうでした。

しかし、東日本大震災、7年8カ月の安倍政権、新型コロナウイルスの感染拡大と続き、野党側が振り切れました。新自由主義から脱却し、支え合いや分かち合いを大切にする政治を目指すべきだ。「公助」でそれを支える行政には、一定の機能を発揮できる強さと規模が必要であり、ある程度の規制はむしろ必要だ。そういう対立構造が生まれたのです。

振り切れ方は人によって違うと思います。私は思い切り振り切りましたが、温度差がある人もいる。それでも、違和感なく一緒になれる構造ができました。

勘違いしていたこと

尾中 米国でも英国でも、理念や目指す社会像が異なる二大政党が政権を争っています。なぜ日本は、与野党が同じ方向を目指す形になってしまったのでしょうか。

枝野 理由は二つあると思います。一つは、歴史的に自民党が党内に両方の理念を抱えていたこと。55年体制における自民党は、米国の民主党と共和党の両方の役割を果たしていました。福田赳夫さんの福田派と田中・大平派の対立が最も明確だったと思いますが、新自由主義的な勢力と「支え合い」の勢力が党内で争い、疑似政権交代を実現していたのです。

もう一つは、多くの野党議員が「自民党の理念・政策に近づかないと政権は取れない」と勘違いしていたこと。小選挙区で強い野党議員の出口調査を分析すると、比例代表で自民党に投票した人から一定の支持を得ています。私や辻元清美さんのような「リベラル系」と呼ばれる議員でもそう。その数字を見て「政策で自民党に近づかないと小選挙区で勝てない」と勘違いしてしまったのです。

尾中　ではなぜ今回は「理念の対立軸」による二大政党制が実現できたのでしょうか。

枝野　今の自民党は明確に新自由主義にかじを切りました。かつての自民党は農業と公共事業に金をばらまき、支え合いや再分配の機能を果たしましたが、人口の都市一極集中が進み、支え合いの機能をどんどん捨てていったのです。

一方の野党は「自民党の政策に近づかなければ勝てない」というわけではないと気づきました。3年前の総選挙で、旧立憲民主党は明確に「支え合い」にかじを切りましたが、野党第1党になれた。自民党支持層からも一定の支持をいただいたからです。

比例代表で自民党に投票する皆さんは、イデオロギーで自民党を支持しているのではありません。時の政権に不満があっても、政治に革命的な変化は求めず、安定感を大事にする。そんな「生活保守」の皆さんが、圧倒的な多数派です。そこに寄り添うことができれば、選挙に勝つために政策で無理に自民党に近寄る必要はないことを、あの選挙で学びました。

尾中　新立憲民主党について「過去の合従連衡とは違う」ことを強調する一方で「目新しさでは売らない」とも述べていますね。

枝野　第2次安倍政権発足以降の野党が失敗したのは、常に「目新しさ」を求めたからです。「目新しさを追う」とは、不安定だということ。コロコロ名前や顔が変わり、どっちを向いているのか分からない。有権者はそういうことにすごくネガティブだということを、肝に銘じなければいけません。

共生社会の具体像は

尾中　「対立軸」ですが「支え合う共生社会」とは具体的にどんな社会なのか、イメージを教えてください。

枝野　病院や介護施設、保育所や公立学校、放課後児童クラブや障害福祉施設に「余裕」がある社会。生きるために必要なサービスを、必要があれば誰でも、欲しい時に確実に受けられる社会です。

尾中　いわゆる「ベーシックサービス」ですね。

枝野　そうです。新自由主義的な政治は、財政的な理由でこれらのサービスをどんどん縮小しました。これを逆回転させる。日本中どこでも同じように、医療や介護、保育や学校教育を受けられるようにします。また、それらのサービスに携わる人たちに、安定した雇用の場を提供します。彼らが希望すれば家庭を持ち、子どもを育てることができることを目指します。

尾中 「ベーシックインカム」という概念も最近よく聞きます。

枝野 「月7万円の給付」という話ですね。ベーシックインカムという考え方は否定しませんが、ベーシックサービスをすべてお金で解決するには、病気になっても失業しても、安心して暮らせる額を給付する必要があります。多額の財政負担が必要で、負担を抑えるためにベーシックサービスを切り捨てることになるでしょう。全くリアリティのない話です。どんな人も必要なサービスを受けられることを先行させるべきです。

尾中 「支え合う社会」にも「財政の肥大化を招くのでは」という懸念の声が聞かれます。コロナ禍への対策として、時限的な消費減税や所得税の免除、定額給付金の制度化の組み合わせを打ち出しました。税収を減らし支出が増える形になりますが。

枝野 コロナ禍という当面の危機への対応と、その後の中長期的な話は、全く別次元の話です。今私が言っているのは、コロナ禍で観光業や飲食業などの売り上げが前年比5割を大幅に下回る危機的な状況への対応をどうするか、ということ。コロナが収束した「その先」については、国民の負担をお願いせざるを得ません。

尾中 「その先」の段階で、「支え合う社会」実現のため消費税（の税率）を上げる可能性はありますか。

枝野　少なくとも、私が現役の政治家である限りはありません。

消費税の導入から30年が経過しましたが、累積税収分とほぼ同じくらいの額の所得税と法人税が減収になっています。所得税や法人税の水準を維持したまま、消費増税で社会保障の財源にするはずだったのに、実際は所得税や法人税を下げて、その分を消費税に振り替えてきた。この行き過ぎを、今後15年から20年かけて是正します。「直間比率の是正」を逆回転させながら財政を健全化します。

所得税については、累進課税の最高税率が高過ぎるという議論があり、慎重な見直しが必要ですが、金融所得課税は圧倒的に逆進性が高く、ここは手をつけるべきです。金融資産課税も検討課題でしょう。法人税も、多額の内部留保をためている企業には「使い道がないなら税で納めてほしい」と訴えたい。その方が、お金が市場に回って消費拡大につながり、企業にとっても得になるはずです。

尾中　「多様性のある社会」も訴えていますね。

枝野　マイノリティというと、ＬＧＢＴなどの性的少数者や障がい者などがイメージされがちですが、本当は誰もがどこかの側面ではマイノリティです。世の中のマイノリティを集めると、マジョリティーになるんですよ。

「マイノリティであることによって不利益を受ける社会」は、誰にとっても生きにくい。多様性を認め、どんな属性の人も排除せず、全ての人が違いを認めあって支え合う社会は、みんなが暮らしやすい社会につながります。

尾中 多様性をうたう一方、移民の受け入れには慎重ですね。

枝野 残念ながら今の日本社会では、低賃金労働者の代替として移民に期待する人が圧倒的多数です。そんな中で移民の皆さんに「たくさん来てください」というのは無責任です。どの国に生まれた人であれ、日本の労働者と同じ待遇を受けることが容認される社会が前提にならなければいけません。

尾中 移民が受け入れられる前提をつくるために何が必要でしょうか。

枝野 技能実習生と、彼らを受け入れている人たちの環境を改善することです。まずは技能実習生制度が「日本人より安く雇える」という理由で使われている構図をやめないといけませんが、現実に安い人件費を前提にして成り立っている産業、特に中小零細事業者がたくさんある。そこへの支援をセットで考える必要があります。

自然エネルギー立国へ

尾中 経済政策の柱に「自然エネルギー立国」を掲げました。

枝野 はい。多くの国民がリアリティを持って夢や希望を感じてもらえる政策だと思います。

自然エネルギーは間違いなく世界的に成長する分野です。温暖化などから地球環境を守るため、自然エネルギーへのニーズは今後100年単位で高まるでしょう。

この分野で日本は一定の優位性があります。太陽光や風力、地熱やバイオマス、波力や小水力。あらゆる自然エネルギーを国内で生み出せます。また、日本は水道事業のように、産業システムを構築する力は強い。蓄電や断熱の分野も優位性があります。これらをパッケージ化して、各地の適性に応じたシステムを世界各国に提供する。ここに力を注ぐべきです。

地域活性化にもつながります。「支え合う社会」の実現には、地方に多くの正規雇用を生む必要があります。農業などの第1次産業やベーシックサービスがベースになりますが、自然エネルギーも地方が優位性を持つ産業です。

尾中　自然エネルギーによる発電は、原子力や火力のように大規模発電所で発電したエネルギーを遠くに運ぶのと違い、地産地消型になります。自民党的な重厚長大型経済に対する「分散化」という対立軸になりそうですね。

枝野　産業や経済の分散化は、二つの意味で必要です。第一に、私たちは震災とコロナ禍によって、都市一極集中社会のもろさを突きつけられました。首都直下地震が起きたら、国の中枢が機能しなくなる。コロナは都市部ほど感染爆発のリスクが高い。社会や経済のさまざまな機能を分散させ、リスクを低減させるべきです。

第二に、これからの日本は「少量多品種」で生きるべきです。規格大量生産は、人件費が安い途上国の方が有利です。日本の高い人件費、つまり豊かな生活を維持するには、高い付加価値を生み出すことが必要で、そのためには少量多品種を目指すしかない。少量多品種を生み出しやすい社会構造、産業構造にするためには、一極集中よりも分散型が良いのです。

尾中　「危機に強く信頼できる政府」を新たに打ち出しました。立憲民主党のメンバーの多くは、東日本大震災に政権与党として対峙した経験があります。教訓をどう生かしますか。

枝野　あの時の教訓は「災害対策は事前の備えが8割」ということ。だから第一に、仮称ですが危機管理庁といった独立官庁を作ります。霞が関でも、震災を経験して知見を持った人たちが、現在は違う仕事をしていて、ノウハウが分散しています。指揮系統の事務方を集約して職員の専門性を高め、組織の中にノウハウを蓄積する。これはすぐにやりたいですね。

第二に、自衛隊を補完し、被災者の生活を支援する実働部隊をつくりたい。国内版で常設の海外協力隊のようなイメージです。被災者支援をボランティアに依存するような状況は改めるべきです。

災害の初動では機動性のある自衛隊が一定の役割を果たしますが、発災から何日かが過ぎたら、自衛隊に代わって生活支援隊のような組織が引き継ぐ。医療や介護、看護等をサポートしたり、水道や電気、土木建築などの技術を提供したり。こういうチームが一定の規模で東京以外の場所、例えば自衛隊の駐屯地に駐在し、いざという時に被災地に駆けつける。こういう構造を作らないと、首都直下地震のような大規模な災害には対応できないと思います。

尾中　新立憲民主党の結党と、菅義偉政権の発足がほぼ同時になりました。菅政権をどうみますか。

枝野　新自由主義的な「改革」の延長線上にあるのは間違いありません。その延長線上で菅さんはうまくやると思います。しかし、それはあくまでも、平成の時代の前半に求められたことの積み残しの処理に過ぎないし、新しい展開は生まれません。

平成の「改革」は、昭和の行き詰まりを馬力で突破するというものです。今後もその延長線上で行くのか、新しい価値を打ち立てるのかが問われていると思います。「昭和vs令和」の戦いです。

できないことを言わない

尾中　かつての民主党は、政権を獲得しても維持する力がありませんでした。政権を維持できる政党になるために、民主党政権の教訓をどう生かしますか。

枝野　できないことを言わないことです。民主党政権の反省点は「やりたいことを全部口に出してしまった」ことだと思うからです。

何ができるのか、いつまでにできるのか、2年くらい先まできちんとカレンダーや国会の状況を見て、その上でものを言う。「歯切れが悪い」と言われても「やれないことは言わない」ことを徹底することが大切です。

尾中　コロナ禍で趣味のカラオケになかなか行けませんね。

枝野　2月から行っていません。そろそろ感染対策に万全を期して、堂々と隠さずに行こうかな。

尾中　旧立憲民主党の結党の際は、枝野さんが歌ったとして欅坂46の『不協和音』が話題になりました。今カラオケに行けるなら、何を?

枝野　乃木坂46の『夜明けまで強がらなくてもいい』。希望の見えない暗闇から、すぐに夜明けが来る、生まれ変わる瞬間だ、という内容の曲ですよ(笑)。

初出：週刊金曜日2020年10月9日(1299)号掲載を改題・加筆修正

第4章の解説

尾中香尚里

現在の立憲民主党は2020年秋、枝野氏が2017年に結党した旧立憲民主党を中心に、かつて民主党・民進党で枝野氏らとともに活動していた旧国民民主党の大半の議員、民主党系の無所属議員によるグループなどが合流し、新たに結党された政党だ。新党ではあるが、結党直後の代表選挙の結果、党名は立憲民主党に、代表は枝野氏が選ばれた。事実上の「拡大立憲民主党」の誕生だった。

第4章で取り上げたのは、この新しい立憲民主党の結党直後に『週刊金曜日』で行った枝野氏へのインタビューである（「2021年衆院選をどう戦うか」など、内容が古くなった部分は割愛している）。

第2章やその解説でも指摘したように、枝野氏は、平成の時代によく見られた「野党が合従連衡することで党を大きくする」ことには、一貫して否定的だった。だが2017年10月、いわゆる「希望の党騒動」を経て、枝野氏は思わぬ形で「戦後最少の野党第1党」のトップとなってしまった。次の衆院選までに立憲の規模を拡大し「自民党との政権選択選挙」に持ち込むには、枝野氏が嫌う「政党間の合従連衡」を行うことは避けられない。枝野氏は2020年、実際に「他党との合流」を実現させたが、こうなると筆者としては、やはり最初に「過去の政党合併とはどう違うのか」を問わざるを得ない。

枝野氏の答えは「合流前に国会で会派をともにして、1年間活動した」「先に新党の綱領案をつくり、綱領に賛同する議員が集まり新たな政党をつくる形をとった」の2点だった。

希望の党騒動によって、旧民主党（民進党）勢力は、おおむね3分割された。①枝野氏が率いる立憲民主党②希望の党側に移り、その後旧民進党出身者によって結党した国民民主党③どちらの党にも属さず無所属を貫いた議員のグループ――である。①の旧立憲民主党は野党第1党。②の国民民主党は民進党の事実上の後継政党で、引き継いだ資金や組織もある。③の無所属グループは、民進党が事実上崩壊した2017年衆院選でも、比例代表での復活当選がない無所属での出馬を選び、小選挙区で勝ち上がった議員集団であり、力のあるベテランが多い。旧立憲結党直後の野党陣営は、この3グループが言わば「三すくみ」状態にあった。

第2章の解説でも指摘した通り、枝野氏は早急に「かつての仲間が大きくまとまる」形は取らず、結党後初の国政選挙となった2019年参院選で議席を倍増させて他の勢力から一歩抜け出すと、立憲が主導権を握る形で他の勢力との連携を進め、旧立憲の政治理念をほとんど変えない形で「新・立憲民主党」の結党を実現させた。枝野氏は「（希望の党騒動によって）違いが増幅される経験をしたことで、逆に何が共通項というか、何が旗印なのかを再認識できたのではないかと思います」と述べた。

これを「民主党とは違う新たな政党の始まり」とみるか「かつての民主党を繰返す動き」とみるかで、その後の野党の政治の見方も変わってくる。

筆者は前者の立場を取っている。希望の党騒動という過酷な経験と「立憲に野党第1党の座を与える」という形で民意が選び取った「新自由主義を終わらせ支え合いの社会を目指す」という理念のもとに、個々の議員が「集まり直して」結党した現在の立憲民主党は、与野党が対立軸を持ちつつ政権交代のある「令和の政治」への扉を開いた、とみるからだ。「平成の政治」を担った民主党とは一線を画している、と考える。

永田町全体やメディアの間では、今も後者の見方が非常に強い。メンバーの顔ぶれは「民主党の再結集」の要素が強いので、仕方がないのかもしれない。ただ、こうした見方には、希望の党騒動やコロナ禍が政治に与えた影響への考慮が足りないようにも思う。

この観点から立憲民主党の2024年代表選を眺めてみると興味深い。立候補した4人のうち、枝野氏は①、2代目代表の泉健太氏は②、代表選に勝利し3代目代表となった野田佳彦元首相は③に属し、吉田晴美氏はこの「新立憲民主党」結党後の2021年衆院選で初当選した。党内のさまざまな立場を代表する上で、絶妙にバランスが取れている。

「自民党とは違う社会像を掲げる」ことについて、4人の主張にほとんどズレはなかった。掲げる言葉は違っても、自民党的な「自己責任社会」を終わらせ、逆回転させるという認識は、ほぼ共有されていた。新聞記者時代に「寄り合い所帯」「野党はバラバラ」とやゆされ続けた民主党を取材してきた筆者としては、この安定感は実に新鮮であった。

その中であえて現在の党内の対立軸を探すとすれば、それは枝野氏と野田氏の政権戦略の違いであったように思う。

2人は自民党が初めて野党に転落した1993年、日本新党から初当選した同期生。「政治改革」のかけ声のなかで政治家人生をスタートさせ、野党・民主党のなかで研鑽を積み、民主党政権ではともに主要閣僚として政権運営の一端を担った同志である。

だが、希望の党騒動で所属する民進党（民主党から改称）が事実上解党した時、2人の行動は分かれた。枝野氏は、希望の党から「排除」された仲間を救出するために立憲民主党を結党し、新たな野党第1党を育てる先頭に立った。一方の野田氏は、騒動から距離を置いて無所属で勝ち上がり、バラバラになったかつての仲間を再びまとめることを模索した。

立憲民主党は「新しい野党第1党」なのか、「民主党の再結集」なのか。ここに2人の認識の差があり、それが政権奪取に向けた戦略、特にほかの野党との連携の仕方についての考え方に違いを生じさせたのだろう。

しかし、それはしょせん「政権奪取の戦術」に関する話にすぎない。党のありようについて決定的な亀裂が入っている、というさまは、立憲民主党からは感じられない。

かつての民主党・民進党には、2024年自民党総裁選に出馬した小泉進次郎氏や河野太郎氏のような、新自由主義的で自己責任社会を志向する「改革保守」の傾向を示す議員も少なからずいたが、現在の立憲ではあまり目立たない。野田氏をはじめ「保守派」と呼ばれる議員もいるが、民主党（民進党）時代のように保守系とリベラル系の議員がいがみ合い、代表選の際に「○○が勝ったら離党」といった不穏な言葉が飛び交うこともない。

インタビューで枝野氏も指摘したように、この時期に発生した新型コロナウイルス感染症の拡大は「小さな政府」「官から民へ」を推し進めた結果、行政サービスなどの「公助」によって国民生活を下支えするのが困難になっている状況を白日のもとにさらした。この結果、政策的に多少幅の広かった野党議員の間でも「新自由主義からの脱却」の必要性が、さほど無理なく共有できるようになったのではないか。

しかし、野党第1党に保守政党化を促し、政界を「保守2大政党」の構図に落とし込もうとする「平成の政治」の圧力は、依然根強いと筆者は思う。新代表の野田氏が「立憲民主党の理念の枠に収まっている」と筆者がいかに主張しても、政治言論の世界では「野田新代表による立憲の保守化」を求める声の方が、今なおずっと多いのだ。

実は、この枝野氏へのインタビュー記事に「週刊金曜日」がつけた見出しは「私たちは勘違いをしていた」だった。多くの野党議員が「政権を取るには政策を自民党に寄せるべきだ」という「勘違い」に陥っていた、という枝野氏の発言をタイトルにしている。私たちはその「勘違い」から本当に脱却できているのだろうか。

人を幸せにする経済をめざします。

私たちは、「人への投資」を重視し、過度な自己責任論に陥らず、公正な配分により格差を解消し、一人ひとりが幸福を実感できる社会を確立します。

私たちは、食料やエネルギー、生きるために不可欠なサービスなどを確実に確保できる経済をめざします。

私たちは、科学技術の発展に貢献するとともに、個人の情報や権利が保護され、個人の生活が侵害されない社会をめざします。

（オ）持続可能で安心できる社会保障

私たちは、持続可能で安心できる社会保障制度を確立します。

私たちは、生涯を通じた学びと挑戦の機会を確保し、一人ひとりが、働き方やくらし方を柔軟に選択できる安心社会を実現します。

私たちは、社会全体ですべての子どもの育ちを支援し、希望する人が安心して子どもを産み育てることができる社会をつくります。

（カ）危機に強く信頼できる政府

私たちは、政官財のしがらみから脱却し、現実的な未来志向の政党として、政治と行財政の適切な改革を着実に実行します。

私たちは、実効性のある公文書管理と情報公開を徹底し、透明で公正な信頼される政府を実現します。

私たちは、災害や感染症などの社会的危機に際しても、確実に機能する実行力のある政府を実現します。

私たちは、東日本大震災をはじめとする災害からの復興に全力を尽くします。

私たちは、多様な主体による自治を尊重し、地域の責任と創意工夫による自律を可能とする真の地方自治の確立をめざします。

（キ）世界の平和と繁栄への貢献

私たちは、国際協調と専守防衛を貫き、現実的な安全保障や外交政策を推進します。

私たちは、健全な日米同盟を軸に、アジア太平洋地域とりわけ近隣諸国をはじめとする世界の国々との連携を強化します。

私たちは、国際連合などの多国間協調の枠組みに基づき、気候変動などの地球規模の課題にも正面から向き合い、国際社会の恒久平和と繁栄に貢献します。

私たちは、人道支援、経済連携などを推進するとともに、核兵器の廃絶をめざし、人間の安全保障を実現します。

私たちは、自国のみならず他の国々とともに利益を享受する「開かれた国益」を追求します。

私たちは、日本の文化芸術を大切にするとともに、世界の多様な文化と交流しつつ、幅広い文化芸術活動の振興をはかります。

立憲民主党綱領

2020年9月15日　結党大会制定

1. 基本理念

立憲民主党は、立憲主義と熟議を重んずる民主政治を守り育て、人間の命とくらしを守る、国民が主役の政党です。

私たちは、「自由」と「多様性」を尊重し、支え合い、人間が基軸となる「共生社会」を創り、「国際協調」をめざし、「未来への責任」を果たすこと、を基本理念とします。

私たちは、この基本理念のもと、一人ひとりの日常のくらしと働く現場、地域の声とつながり、明日への備えを重視し、国民の期待に応えうる政権党となり、この基本理念を具現化する強い決意を持って立憲民主党を結党します。

2. 私たちのめざすもの

（ア）立憲主義に基づく民主政治

私たちは、立憲主義を守り、象徴天皇制のもと、日本国憲法が掲げる「国民主権」「基本的人権の尊重」「平和主義」を堅持します。

私たちは、立憲主義を深化させる観点から未来志向の憲法議論を真摯に行います。

私たちは、草の根の声に基づく熟議を大切にしながら、民主政治を守り育てます。

（イ）人権を尊重した自由な社会

私たちは、公正で透明な社会システムを通じて、人間の営みと基本的人権を尊重した自由な社会を構築します。

私たちは、あらゆる差別に対し、断固として闘います。

私たちは、性別を問わずその個性と能力を十分に発揮することができるジェンダー平等を確立するとともに、性的指向や性自認、障がいの有無、雇用形態、家族構成などによって差別されない社会を構築します。

（ウ）多様性を認め合い互いに支え合う共生社会

私たちは、一人ひとりが個人として尊重され、多様な価値観や生き方を認め、互いに支え合いつつ、すべての人に居場所と出番のある共生社会を構築します。

私たちは、地域ごとの特性を生かした再生可能エネルギーを基本とする分散型エネルギー社会を構築し、あらゆる政策資源を投入して、原子力エネルギーに依存しない原発ゼロ社会を一日も早く実現します。

私たちは、多様な生物や自然環境との調和をはかり、持続可能な社会をめざします。

（エ）人を大切にした幸福を実感できる経済

私たちは、公平に開かれた市場の中で、目先の効率性だけにとらわれずに、

第5章
「民主党」への後戻りは許されない

立憲民主党代表選挙２０２４を終えて

２０２４年9月26日

「ビジョン」を問うトップ争いにしたかった

尾中　枝野さんが代表選を戦ったのは、今回で3回目ですね。枝野さんの政治家人生にとって、この代表選を戦った意義とは何だったのでしょうか。なぜ今、自分が立候補しなければいけないと思ったのか、改めてお聞かせください。

枝野　二重の危機感がありました。

第一に、民主主義の危機です。一つは裏金や（旧）統一教会の問題などによる極度の政治不信にもかかわらず、（自民党は総裁選で）「表紙」を変えて、またフタをしようとしている。野党がしっかりと戦えなければ、政治全体への不信は取り返しがつかないことになると思いました。

第二に、暮らしと経済の危機です。「奪われた30年」をアベノミクスで何とかだまし、ごまかし、10年間引っ張ってきたけど、暮らしも経済全体も、取り返しがつかないところに入りかけています。

ここでしっかりと新しい時代のビジョンを掲げなければ（政治家としての）責任を果たせない、と思いました。代表選に立候補しないことは、自分にとってものすごい「逃げ」である、ここは逃げられない、という感覚が強かったんです。

尾中　立憲民主党の代表選とほぼ同時期に、自民党の総裁選がありました。もしこの時期に自民党総裁選がなかったとしたら、今回代表選に立候補していましたか。

枝野　……分からないけど、立候補していなかった可能性はあるな、という気がします。

尾中　枝野さんが代表選に出馬の意向を示したのは8月9日、正式な出馬表明はお盆明けの21日でした。自民党総裁選を含めて最も早いタイミングでの出馬表明でした。表明の時期について、何か意図はあったのですか。

枝野　7月の半ばぐらいから、報道は自民党総裁選と立憲民主党の代表選一色になっていました。それなのに、みんなグラグラしていましたよね。

尾中　出馬を意図していた人も、するかしないか決めかねて、みんなが様子見をしている状況が続きました。「グラグラ」とはそういうことですか。

枝野　そうです。この「グラグラしていること」自体が政治不信を招く、と思いました。出馬しようとしているのにグラグラしている、ということは、結局は永田町の「内輪の話」に気を遣っているということですよね。

尾中　「党内の有力者に推してもらえるか」「勝てるかどうか」ということばかり考えて、みんなが周りを見てすくんでいた、ということですね。

枝野　はい。そのこと自体が（日本の政治にとって）良くない、と思いました。

尾中　立憲民主党の代表選は、メディアから「どの野党と連携するかが争点」といった見方がなされていました。しかし、枝野さんが最初に飛び出して以降は「党の理念やビジョンについて全候補がともに語り合う」といった選挙になったように見えます。

枝野　まさにそれを意図していました。「どの政党と組むか」などという永田町の内輪話ではない（議論の）「土俵」を作りたい、と思ったのです。意図した通りになったので、良かったと思っています。

「人間中心の経済」を訴えた意図

尾中　そのビジョンですが、枝野さんは今回の代表選で「人間中心の経済」を掲げ、それを「枝野ビジョン2024」と銘打ちました。本書でも紹介したように、枝野ビジョンはこれまで2021年と2023年に発表されていますが、今回盛り込まれた政策を個別にみると、実は以前のものとほとんど変わっていないですね。

枝野　はい、変わっていません。

尾中　2021年の「枝野ビジョン」では「支え合う日本」をうたいました。現在でもよく聞かれるフレーズですね。そして2023年には「まっとうな明日へ！」を掲げました。「まっとうな政治によって、まっとうな社会と、まっとうな経済をつくる」というコンセプトだったと認識しています。今回、内容がほとんど変わっていないなかで「人間中心の経済」という言葉を選んだのはなぜですか。

枝野　大きく分けて二つの理由があります。

一つは「支え合いの社会」は、党を支持してくださる皆さんにはすごく「ハマる」言葉なのですが、一方でこの言葉に誤解が生まれているのではないか、と思いました。「支え合い」が（自助、共助、公助のうち）「共助」を指している、と誤解されていると感じたのです。

「支え合い」とは、国民同士が互いに支え合うことが難しい社会で「公」の役割を拡大して国民を支えることです。これまでも自分なりに、誤解を払拭する努力をしてきましたが、今回の代表選では「支え合い」という言葉にこだわらない方がいい、という感覚がありました。

もう一つは、代表選の先の総選挙を考えると、国民の関心はやはり暮らしと経済にあると考えました。ビジョンを語らなければいけないのは間違いない。だけど「暮らしと経済」という切り口でビジョンを整理し直した方が、国民に伝わりやすいのではないか、と思ったのです。

尾中　「人間中心の経済」という言葉は、今回の代表選でも比較的伝わったと思います。ただ、個人的な感想を言うと、この言葉の前に枝野さんが語っていた「人を使い捨てにする経済をやめる」という言葉が、かなり刺さりました。現在の日本の社会や経済に対する現状認識を、ちゃんと語っている印象がありました。

枝野　小泉進次郎さんがそれを「後押し」してくれましたからね。対立軸が分かりやすくなりました。

尾中　「後押し」というのは、解雇規制の緩和をはじめ「自己責任の社会」を象徴する政策を語ったことですね。あれはまさに「人を使い捨てにする経済」そのものだと感じました。こうした考え方は、古くは小泉さんのお父さんの純一郎首相、最近では菅義偉元首相に連なっていると感じます。

菅さんが首相に就任した2020年秋、全く同じタイミングで枝野さんが立憲民主党と国民民主党の大半の議員との合流によって新立憲民主党を結党し、代表になりましたね。

枝野　はい。

尾中　菅首相の所信表明演説と、それに対する枝野さんの代表質問を聞いて、自民党と立憲民主党の理念の対立軸が確立されたと思いました。今回も、自民党の総裁選が行われていることで、与野党の対立軸が見えやすくなったようにも思えます。

枝野　うまく伝わりやすくなったな、と思いました。

「党の理念の幅に収まった」代表選

尾中　ここまで枝野さんご自身の立候補についてうかがってきましたが、ここからは代表選そのものについて聞かせてください。

代表選は枝野さんのほか、野田佳彦さん、泉健太さん、吉田晴美さんの4人による戦いとなりました。枝野さんは旧立憲民主党の創始者、野田さんは民主党政権の首相で、その後無所属から立憲入りしました。泉さんは旧国民民主党出身で、現職の代表。吉田さんは新立憲民主党で初当選した「オリジナル立憲」の若手です。代表選がこの4人の構図となったことをどう評価していますか。

枝野　多様でキャラの違う4人が出馬したことは、党にとっては間違いなく良かったと思います。論戦自体も変な拡散をしませんでしたし。

尾中　先ほど述べたような「どこの政党と組むか」といった話は、一部のメディアはともかく、候補者同士の論戦ではほとんど盛り上がりませんでした。各候補がそれぞれの目指す社会を語り合い、その考え方が4人の間で大きく異なっているようには見えませんでした。

枝野　そう、候補者同士がぶつからない。その意味では（論戦は）やりにくかったし、あえて言えば「つまらなかった」んですよ。

尾中　枝野さんとしては、自民党のような理念の違う相手と徹底的に論戦する方が面白い。

枝野　それはそうですね（笑）。

尾中　でも、党内の戦いは本来、そういうものではないわけだし。つまり枝野さんから見て、ご自身が立憲民主党を結党した時に掲げた理念から大きく外れた候補者はいなかった、ということですね。

枝野　そう思います。少なくとも代表選に立候補した4人の間に、基本的な「目指す社会像」についてのずれは、全くありませんでした。

尾中　枝野さんにとって「やりにくくてつまらない」代表選だったということは、党にとっては良いことだったと。

枝野　だと思いますよ。

「給付付き税額控除」vs「消費減税」の論戦が持つ意味

尾中　決戦投票で枝野さんと野田さんが残り、野田さんが勝利しました。支持者の中に「立憲民主党が大きく変わってしまうのではないか」と不安を抱く声がありますが、野田さんの主張も、立憲民主党の立党の精神や結党の理念からは、そんなに外れていないと思いました。

印象深かったのは、給付付き税額控除についての語り口です。立憲民主党のさまざまな政策の中でも、給付付き税額控除、つまり「減税ではなく給付によって、低所得者層から中間層までの暮らしを支える」ことは、「支え合い」をうたう党の理念を体現した主要政策の一つですね。野田さんは党の「到達点」という言葉を使い、この政策を強く支持しました。

枝野 そうですね。全くずれていないですね。微々たるところは違うけどね。(野田氏が主張した) 農業公社とか(笑)。

尾中 一方で、代表選では吉田晴美さんが「食料品のゼロ税率」、すなわち減税政策を主張しました。推薦人の声を代弁せざるを得なかったのかもしれませんが、現職の泉さんからも若干、減税に色目を使った言及がありました。立憲民主党の旗のもとで初当選した「オリジナル立憲」の吉田さんたちを含め、党内に立憲の「目指す社会像」が十分に伝わっていないことへの、若干の懸念も感じたのですが。

枝野 だからこそ、今回の代表選をやることは意味があったんです。というより、それこそが代表選の意義の一つだったのではないでしょうか。

給付付き税額控除については、すでに党内でもかなりの人たちが「当たり前」と受け止めるようになっています。だから、この政策の意義について、最近は外に向けてちゃんと説明をしていませんでした。今回、吉田さんが出馬して減税を語ってくれたおかげで、代表選で給付付き税額控除の意義について説明する機会を、たくさん持つことができました。

尾中　吉田さんは純粋に、自らの主張として減税をおっしゃったのだと思います。しかし「なぜ減税ではだめなのか」と問いかける吉田さんに対し、応戦した枝野さんと野田さんがそれぞれの語り口で、給付付き税額控除の意義を訴えました。論戦をテレビやネットで聞いていた方には、立憲の理念を知る良い機会になったと言えそうですね。

枝野　はい。結果論ですが、これは吉田さんの功績だと思います。

政権交代しても「すぐには政治が変わらない」理由

尾中　給付付き税額控除に関して枝野さんは、政策論と政治論の二つの点から解説していましたね。政策論としては「消費税の税率を下げたら、たくさん消費してたくさん消費税を納めている富裕層にも、多額の減税をすることになってしまう。税率を下げずに、富裕層にはたくさん消費税を納めてもらう。その税収を財源に、低所得者層や中間層に消費減税相当分の給付を行う方が良い」という説明でした。この説明はこれまでにもたびたび聞かれましたし、比較的理解しやすいと思います。

もう一つの政治論としての説明には、軽く驚きました。「政権交代しても最初はねじれ国会になるので、税法改正を伴う消費減税は、野党・自民党が法案に反対すれば（参院で否決されて）成立させられない。給付という形であれば、政府の判断でできるため、より早く実現できる」というものです。よく思いついたな、と思いました。

枝野　そのこと自体が、今回の代表選の一つのテーマになりました。

尾中　どういうことですか。

枝野　今回の代表選は「民主党政権の失敗をどう反省して教訓にするのか」がメディアに着目され、争点化されました。だから「立憲民主党が今政権を取っても、すぐに何もかもできるわけではない」ことをお伝えすることが必要だったのです。給付付き税額控除をテーマに論戦を戦わせることができたのは、そういうことを国民の皆さんに説明する意味でも、非常に良かったと思っているんです。

尾中　給付付き税額控除に関する論戦は「立憲民主党の理念を広く伝える」ことと「ねじれ国会を前提に、どういう手順で政策を実現するか、という政権運営能力を示す」という二つの面で意味があった、ということですね。

枝野　そうです。

尾中　しかし、党内で減税を主張される方々は、あの論戦で納得できたでしょうか。

枝野　もしかしたら次の代表選でも、同じこと（減税か給付か）が争点になるかもしれません。でも、それまでの間はこれ（給付付き税額控除）で行くことがはっきりしたわけです。手続き的にそうでしょう？

尾中　給付付き税額控除を主張したお二人が、決選投票に勝ち残ったわけですからね。

枝野　もちろん、代表選はそこだけで勝敗が決まったわけではありません。でも、選挙結果をトータルで評価すれば、当面は従来の「到達点」を踏まえてやっていく、ということです。そうでなければ、選挙結果と矛盾することになってしまいますからね。

立憲民主党は「新しい野党」か「民主党のやり直し」か

尾中　立憲民主党の代表選は、4人の候補者の間で掲げた理念に大きな差はありませんでした。それでは代表選の争点は何だったのか、と考えると、それは「立憲民主党は民主党と同じなのか、違うのか」ということだった気がします。

決選投票に残った枝野さんと野田さんの間で、立憲民主党がここからどうやって政権を奪取するかというプロセスの踏み方について、認識の違いがあったと思います。枝野さんは党の創始者として、立憲民主党は「民主党から脱皮した新しい政党」であると考えています。対する野田さんは「民主党政権の失敗を教訓に、再び民主党政権をやり直そう」と考えているように感じました。

枝野　決選投票での私の演説は、そういう視点で組み立てました。

尾中　民主党政権の失敗や、希望の党騒動で民進党が分裂した教訓に触れつつ「旧立憲民主党や古い民主党に戻らない。求められているのは未来に向けた新たな前進だ」とおっしゃっていましたね。

枝野　そうです。

尾中　枝野さんや、現職代表だった泉さんは、論戦の中でしばしば「単独政権を目指す」とおっしゃっていました。お二人とも現時点で完全に単独で政権ができると思っていたわけではないでしょうが、基本的には立憲民主党のアイデンティティーを守り、立憲が中核となる政権の樹立を目指す姿勢を強調していたように思います。

これに対し野田さんは、立憲民主党を他の野党との関係性のなかでとらえていたように思います。「立憲主軸の政権を樹立する」ことより「非自民勢力の結集」に力点が当たっているように思えました。もしかしたら「旧民主党」という意識も、やや希薄なのかも知れません。

枝野　私もそう思います。野田さんと私の政治理念には、そんなに大きな違いはありませんが、それをどういうプロセスを取れば実現しやすいか、ということに対する評価は違うように思います。政治手法とか政治の技術とか、そういう違いなんじゃないかなと。

尾中　野田さんは、平成の時代から伝統的に言われてきた……。

枝野　「野党はまとまれ」論ですね。

尾中　「小選挙区は一対一で戦わなければ勝てない、野党は譲り合って候補者を1人に絞るべき」論ですね。しかし、枝野さんは「一本化ありき」ではありませんでした。

枝野　全然なかったです。最大野党が一定の勢力と求心力を持ち、その中で他の野党の協力を求めて一騎打ちの構図を作る、という形でなければ、（野党陣営は）どこを向いている か分からない政治勢力になってしまいます。

「自民党に抵抗する」から「自民党の代わりになる」へ

尾中　私自身「多弱」と言われた野党の中で、立憲民主党が徐々に抜け出して「野党の中核」としての形が出てきたので、これからは「多弱連合」ではなく、立憲を中核にした野党の構えを作るべきだと考えていたのですが……。

枝野　僕の考え方は違います。立憲民主党にはまだ、そこまでの力はありません。

尾中　そうなんですか。枝野さんの感覚では、立憲はまだ「野党の中核になる」ところまでは行っていない、ということなのですね。

枝野　「一歩抜け出した」程度かな。政権交代に向けて立憲民主党が確固とした「核」になるには、もう一段「上がる」必要があると思います。

実は僕は、今が「政権交代前夜」だとは、全く思っていません。政権交代が起きた

1993年や2009年の選挙の直前の空気とは、全然違いますからね。

しかし、代表選でも言いましたが、野党が「安倍一強に抵抗する」形でまとまる時代は終わったと考えています。今の国民が野党に求めているのは「自民党に抵抗せよ」という段階を超えて「自民党の代わり（に政権を担える政党）になれ」ということに変わっています。

政権与党に「抵抗」するだけなら、それぞれの野党の考え方が違っていてもいいでしょう。でも、それでは「自民党の代わり」は務まりません。私たちはまず「立憲民主党とは何者か、自民党とどこが違うのか」を、しっかりと示す。そのことに国民の支持をいただいて、他の野党を巻き込めるだけの求心力を持つ。そうやって本当の意味で「野党の中核」にならないといけないと思います。

野田さんは「左」の層を取りに行くべきだ

尾中 代表選の結果、野田さんが新代表に就任し、枝野さんは惜しくも及びませんでした。決選投票では国会議員の支持はほぼ拮抗しましたが、党員の皆さんの支持で差がついてしまった印象です。結果をどう受け止めていますか。

枝野 「野田さんの方が総選挙で勝ちやすい」という判断をされたと思いますし、それは一理あるのかな、とも思います。支持層を広げるために、いわゆる「右」に手を出すことが必要だ、と考えるなら、代表が野田さんである方が、説得力があるように見えますからね。

ただ、僕はその立場は取りません。この考え方については、昔から一貫して間違っていると思っています。

僕はそもそも右とか左とかいう話は好きではないけれど、もし「右に手を出す」必要があるなら、党内で「左」に見えている人がやるべきです。つまり、私がやるしかないんです。逆に「左」の人を捕まえたい時には、野田さんがやるべきです。「右」に見える立ち位置を利用して「左」を取りに行くのです。

尾中　野田さんと言えば、2020年の東京都知事選で、共産党も含む野党が推した宇都宮健児さんの応援に、共産党の志位和夫委員長（当時）とともに応援演説に立って「右バッターとして応援する」と語ったのが印象に残っています。確か2024年の都知事選でも、議長に就任した志位さんと並んで、蓮舫さんの応援演説をしていましたね。

枝野　そうそう。あと、選択的夫婦別姓や女性天皇を主張するとかね。こういうことを野田さんが言うことに意味がある。「右」の人が右に受けることを言ってもだめなんです。

尾中　野田さん個人を心配しているわけではないのですが、メディアなどでは「右にウイングを広げる」ということが「右の人に受ける政策を言う」ことだと勘違いしている向きがありますね。

枝野　それって違いますよね。結局、本来の自民党支持層って、日々の生活と結びついた保守なのであって、イデオロギーは全然関係ありません。右寄りの政策を訴えて支持を得ようとするのではなく「私たちはあなたの暮らしにちゃんと寄り添っています」という政治活動をしっかりやって、メッセージを発することが大切です。

尾中　自分たちのスタンスを変えるのではなく「あなたたちが本当に求めている政治は、自民党ではなく立憲の側にある」ということを丁寧に訴え、有権者の側を変えるのが、本来の「保守の票を取る」という話だと思うのですが、野党の中にも時々勘違いして、憲法改正を声高に叫んだりする人がいますね。

枝野　どんなに憲法改正を叫んでも、その人たちはどっちにしても、野党を支持するはずがありません。逆に自分たちの支持層を手離すことになるだけです。

自民党はアイデンティティー・クライシスに陥っている

尾中　立憲民主党の代表選と並行して、自民党の総裁選が行われました。先ほどお話のあった小泉さんや河野太郎さんは、とても新自由主義的な主張をしていて、立憲民主党との対立軸が分かりやすい面もありましたが、9人もの候補がいるなかで、立憲民主党と見まがうようなことを主張する人たちもいました。泉さんも代表選で「自民党の立憲民主党化」と指摘していましたが、自民党の中で「目指す社会像」がバラバラで、各候補が統一感なく思いつきのような政策を言っていた印象です。総裁選をどう見ていますか。

枝野　「バラバラ」以前に、誰も理念や思想を語っている人がいませんよね。小泉進次郎さんにしても河野太郎さんにしても、新自由主義的な政策を語っているけれど、全体像としての新自由主義的な政策パッケージがあるのかと言われたら、全然違う。自民党自体がアイデンティティー・クライシスに陥っているのではないでしょうか。

あと、候補者の皆さんの主張が官僚化している気がします。「今日の前に生じている問題にどう対応するか」といった話しか聞こえてきません。「物価高をどうするか」とかね。つまり「対策」しかないんですよ。

昔の自民党には、田中角栄さんの「日本列島改造論」とか小沢一郎さん（現立憲民主党）の「日本改造計画」のような、大きなビジョンを語る人がいました。大平正芳さんの「田園都市構想」だってそうですよね。そういう話って今、満を持して首相になろうとしているはずの総裁候補の方々の誰からも聞こえてきません。自民党の劣化だと思いますね。

尾中　そんな自民党を見ていて「立憲民主党は党の理念やビジョンを明確に」などと訴えることが馬鹿らしくなることはないんですか。

枝野　こちらはチャレンジャーですから。野党は行政の執行権を持っていないので、現実に起きている問題に、直接対応することはできません。その分、中期的な理念、ビジョンを語って勝負するしかないんですよ。

尾中　立憲民主党の今回の代表選は、各候補が理念を語り合う形ができたけれど、自民党の総裁選がそれに追随してこなくてつまらなかった、みたいな感じですか。

枝野　いやいや、予想通りですよ。見る人が見れば、そういうことが見えるはずです。立憲の代表選が同時に行われたことで、そういう自民党の姿をお見せすることができた。「しめしめ」という感じです（笑）。

尾中　ありがとうございました。最後に、枝野さんから本書の読者の皆さんに伝えたいことがあればお願いします。

枝野　そうですね……。（しばらく考え込んだあとで）

民主党時代に支えた先輩に、菅直人さん（元首相、立憲民主党最高顧問。2024年政界引退）という方がいます。菅さんは政権交代を実現する前、代表選に何度落選しても、懲りずに出馬し続けました。自分が代表を辞任したことで発生した代表選以外は、ほとんど全て出馬したんじゃないかな（尾中註・菅氏は自らの辞任で発生した2004年と、政権交代直前の2009年を除き、選挙戦となったすべての代表選に出馬した）。ずっとそばで見ていて「何をやっているんだろう、この人は……」と思っていたんですが、最近ちょっと、あの行動の意味が分かるようになりました。

　私たち野党は、常にチャレンジャーです。2009年に民主党はいったん政権交代を実現しましたが、そうは言っても基本的には、自民党が圧倒的に強い構造の中でチャレンジャーを続けてきたわけです。

　つまり、野党第1党の代表選とは「政権与党へのチャレンジャー」を選ぶ選挙だということです。チャレンジャーを選ぶ選挙に挑む人は、チャレンジャーじゃなければ勝てません。今回の代表選をめぐる一連の流れで学んだのは、そういうことだったと思っています。

第5章の解説

尾中香尚里

本書は昨年(2023年)公表された「枝野ビジョン2023」の取りまとめを機に出版を企画したものだ。しかし、筆者がずるずると準備を遅らせてしまった結果、立憲民主党代表の任期切れが迫り、次期代表を決める代表選に、枝野氏自身が立候補した。おまけにその代表選で「枝野ビジョン2024」に言及しているではないか。筆者は頭を抱えてしまった。

代表選に関する枝野氏の言葉がなければ、本書の印象が古いものになってしまう。そこで枝野氏に、結果にかかわらず、選挙後に「代表選を振り返る」というテーマでのインタビューを受けていただくようお願いした。つまりこのインタビューは、本書のための「書き下ろし」である。代表選で枝野氏は、決選投票で野田佳彦氏に敗れたが、その直後というタイミングにもかかわらず(インタビューは自民党総裁選前日の9月26日に行われた)快く取材を受けていただいた。

枝野氏が前回の辞任からわずか3年で代表復帰を目指すことには、党内にも疑問の声があった。それでも出馬を決意したのはなぜか。

枝野氏は「二つの危機感」を挙げた。民主主義の危機と、暮らしと経済の危機。自民党の裏金問題や旧統一教会の問題が放置されたことによる極度の政治不信と、アベノミクスの失敗による国民経済の疲弊。枝野氏は「同じ党内の仲間と最大野党党首の座を争う」こと以上に、同時期に行われた自民党総裁選をにらみ「総裁選の候補者らと首相の座を争う」意識のもとに代表選に臨んだ。

与党と野党第1党、それぞれの政党の党首選は、次の総選挙で党を代表して政権選択選挙を戦い、首相の座を争う人物を決める選挙という意味合いがある。だから「総選挙の一つ手前の準決勝」と呼ばれたりもするのだが、枝野氏の発想はむしろ「自民党総裁選の9人の候補」対「立憲民主党代表選の4人の候補」で、団体戦を戦うことにあったのではないか。

だから枝野氏は、メディアがこだわる「どの野党と連携するか」といった「党内向けの争点」を消しにかかったのだろう。最初に「飛び出す」形で出馬を表明し、いきなり「人間中心の経済」(枝野ビジョン2024)を打ち出したことで、結果的に出馬したすべての候補が、党を代表して「立憲民主党は何を目指すのか」を語る構図が生まれ、メディアが狙った「他党との連携をめぐる内輪もめ」は後景に退いた。

二つの効果があったと思う。一つは「立憲民主党は次の代表が誰になっても、立党の精神や党の理念は大きく変わらない」ことを、一定程度示せたことだ。

代表選の結果、党内で「右派」と称されている野田佳彦氏が新代表に選ばれたが、代表選の論戦を追ってきた支持者らは、4候補の主張が党に求められる理念・政策の幅に収まっていることを認識できたと思う。多少の個人的な「支持する、しない」はあるにせよ「野田氏の代表就任で党の理念が大きく変質する」との懸念は、支持者の間ではさほど大きくないのではないか（ネット上で「変節」「もう支持をやめる」などと声高に叫んでいるのは、むしろ支持者以外の人々であるように、筆者には思える）。

もう一つの効果は「立憲の代表選が、自民党総裁選の「うさん臭さ」を強調する効果を持った」ということだ。

立憲民主党の代表選が無投票で終わっていたり「結果が見えている」選挙戦になっていたら、メディアはにぎやかな自民党総裁選を単独で大きく盛り上げ、立憲の代表選を「埋没した」と冷笑していただろう。しかし、立憲の代表選が、選挙結果が読みにくい「ガチの論戦」となったこともあり、メディアは自民党と立憲民主党の党首選びを、ある程度均等に扱わざるを得なくなった。

それは、普段メディアの話題にのぼりにくい立憲にとって、党をPRする格好の機会となったが、効果はそれだけではなかった。立憲の代表選候補者たちが、自民党総裁選の候補者の論戦をそれぞれの立場から批判するさまが同時並行で報じられ、両党の論戦が相対化されたのだ。

9人の総裁候補たちの主張は、このインタビューで枝野氏が指摘したような新自由主義的路線を強く打ち出したものから、立憲の政策をほぼ「丸のみ」したものまでバラバラだった。候補者が多かったため、論戦で十分な時間をかけた主張ができなかったことを考慮しても、その場の思いつきのような政策が各方面に散り、論戦は拡散した。

総裁選の論戦については「裏金問題の実態解明にどう取り組むか、全候補が口をつぐんだ」といった批判が起きた。しかし、筆者はそれ以前に「自民党は一体どんな社会を目指す政党なのか」が全く見えないことにため息が出た。一体この人たちは、何のために同じ政党に集っているのだろうか。自民党とはつまり、バラバラな考え方を持つ政治家たちが、ただ「権力を維持する」という共通の目的のために集まったに過ぎない組織なのか。これではかつての民主党と同じではないか。

そう、筆者は最近、自民党が悪い意味で「民主党化」しつつあると感じている。

メディアはこうしたことを気にも留めず「疑似政権交代」とか「自民党に政策を抱きつかれた野党が対応に苦慮」といった解説しかしない。だが、筆者はそんな「権力維持のための生き残り策」には、全く興味がない。むしろ、自民党がもはや

「目指す社会像を共有する政治家が集まり、その社会像を体現するために組織された政治団体」という、政党としてのあるべき姿になっていない、ありていに言えば「政党のていを成していない」現実が、この総裁選で露呈したと考える。

そんな自民党の現実を照射する鏡となったのが、対立政党である立憲民主党の代表選だった。結果としてこの代表選は、立憲民主党が自民党への対抗軸として明確に認知される効果を生み、それが、1カ月後の衆院選で同党が148議席（公示前比50議席増）と躍進し「自公過半数割れ」という歴史的な選挙結果をもたらす原動力となったと考える。

このように書くと、筆者が今回の立憲民主党代表選を手放しで評価しているように見えるかもしれないが、実はそうではない。今回の代表選で筆者が危惧していたのは、立憲の政治が「民主党時代に逆戻り」してしまう可能性だった。それは半分は杞憂に終わり、半分はなお懸念を残していると言える。

筆者が令和の時代の日本の政治に求めているのは「与野党の対立軸の明確化」と「政権交代の可能性」を両立させることだ。最大の政権与党（自民党）と野党第1党（立憲民主党）が、それぞれの「目指す社会像」を掲げ、国民が選挙で「どちらの道を進むか」を選び取る政治。当たり前すぎるようで、実のところ戦後80年近く、全く実現しなかった政治の姿を、そろそろ形にしたいのだ。

55年体制時代の「昭和の政治」は、与野党の対立軸は明確だった一方、政権交代の可能性はなかった。衆院に小選挙区制が導入されて以降の「平成の政治」は、政権交代の可能性は生まれたが、今度は与野党の対立軸がぼやけた。政治理念も基本政策もバラバラな政治家が「政権交代」の名のもとに民主党に無理やり集まった結果「政権交代しても何が変わるのか分からない」政治となった。結果として民主党は路線をめぐる党内対立が延々と続き、やがて政権交代への期待感まで削いだ。

2017年の希望の党騒動と、その結果生まれた立憲民主党の野党第1党への躍進は、結果として野党を「理念やビジョンによって再編する」ことにつながった。政権復帰後「自己責任の社会」志向を鮮明にする自民党に対し「支え合いの社会」という「もう一つの社会像」を掲げた立憲。その理念のもとに個々の議員が結集する形が曲がりなりにも作られ、野田新代表も基本的にその流れの中にいる。だから立憲は、民主党に比べると党内の路線対立が極めて小さく、誰が代表になっても党内が比較的安定している。

対立軸の構築と政権交代の可能性が両立する「令和の政治」の姿がようやく見えてきた。この点において、党の創業者である枝野氏の功績は大きいと思う。

しかし、繰り返しになるが、立憲が党のアイデンティティーを確立するにつれ、それに抗する動きがメディアや有識者といった「外野」から生まれてくる。「共産党との協力関係を断ち、日本維新の会などとの選挙協力を進めよ。でなければ政権交代など目指せない」というわけだ。

何のことはない。これは、理念も政策も違う政党を「非自民・非共産」の枠組みで無理やり一つにまとめようとする策動だ。立憲のリベラル勢力の力を削いで「保守2大政党」の構図をつくり、政権交代の一点で「大きな塊」にする、という政治運動だ。つまりは「昭和の政治から平成の政治へ」という30年前の政治の焼き直しである。代表選を通じて「平成の政治」の代名詞でもある小沢一郎衆院議員に再び焦点が当たったことが、その印象をさらに強いものにしている。

こうした「選挙目当ての野合」が結局は功を奏さないことは、民主党政権の失敗という形で明確に結果が出ている。そこから干支が一回りした今、なぜ今なおそこに過剰にこだわるのか、筆者には全く分からない。立憲が党のアイデンティティーをしっかりと確立し、自民党とは異なる社会像を掲げて他の野党を「巻き込む」（横並びで手をつなぐのではない）形で政権奪取に挑む、というのは、まさに民主党的な「平成の政治」の反省から生まれたものである。

おぼろげに見えてきた「令和の政治」を、再び「平成の政治」に後戻りさせてはいけない。代表選の決選投票時の演説で枝野氏が訴えたのは、まさにこういうことだった。

枝野氏を破って野田氏が新代表に就任したことについて、筆者自身は、理念や基本政策の面では大きな心配はしていない。だが、この「政治のかたち」の時計を古い時代の方向に逆回転してしまう可能性については、本稿執筆時の2024年10月上旬の時点では、なお完全には読みきれずにいる。先ほど「半分は杞憂に終わり、半分はなお懸念を残している」と書いたのはそういうことだ。

小選挙区制導入から30年。離合集散を繰り返し、リーダーがコロコロと変わる落ち着きのない状況を続けてきた野党の苦闘が、ようやく終わりを告げようとしているように、筆者には見える。この状態を維持してほしいと願う。

立憲民主党はようやく「令和の政治」、すなわち「与野党が対立軸を持ちながら政権交代のある政治」への扉を開きつつある。「政権交代はあるが与野党の対立軸が不明確」な「平成の政治」に後戻りすべきではない。率直に言って、筆者は民主党政権にはもっと評価されるべきことが数多くあると思うが、それでもあの時代の政治へ引き返してはならないのだ。

本書は衆院解散・総選挙の直後に、皆さんのお手元に届くことになる。今この時の日本の政治は、読者の皆さんにどのように見えているだろうか。もし、それが自身の理想とかけ離れたものであるとしても、この国のありようは結局「国民の不断の努力によって」良き方向に舳先を向けさせなければならないのだと思う。

巻末資料

枝野ビジョン２０２４

――ヒューマンエコノミクス「人間中心の経済」を実現する８つの政策

2024年8月21日　立憲民主党代表選挙　出馬表明会見

立憲民主党の枝野幸男です。お集まりをいただいた報道機関の皆さん、そしてネット、テレビでごらんをいただいてる皆さん、ありがとうございます。私この度、9月に行われます立憲民主党代表選挙に立候補することを決意いたしました。

2021年に代表を退いて3年。その間に、安倍（晋三）元総理の痛ましい事件、（旧）統一教会や裏金の問題、そして能登半島での大きな地震など、歴史的な出来事が相次ぎました。今、日本は大きな分岐点にあります。歴史的な円安と物価高は、国民生活に大きな打撃を与えています。日銀が利上げに踏み切り、株価が史上最大の乱高下をするなど、経済も大きく混乱をしています。

にもかかわらず、政治に対する不信が高まり、歴史的な変化についていけていません。人口減少が進むなか、アベノミクスの後の日本経済をどうやって立て直すのか、与野党を超えて問われています。

そんな時に、奇しくも与野党それぞれの第1党でほぼ同時に党首選挙が行われ、国民の皆さんの前で大きな議論を交わすという機会が訪れました。

私は、今こそ日本はこの10年の、いや「失われた30年」と呼ばれるほど長期にわたる長い低迷、これを作り出した古い政治に終止符を打ち、新しい時代へ向かって進む時だと考え、今回の出馬を決意いたしました。

「人間中心の経済」を実現する。日本の活路はこれに尽きると考えています。

人口減少が進む日本では、社会保障や公共サービスなど「支え合う仕組み」の充実が必要です。同時に、力を失った経済を再生させるためには、高い付加価値を持つ商品やサービスが求められています。どちらの場合も大切なのは、それを担う人です。介護や保育といった分野に力を入れて賃金を上げ、誰もが安心して暮らせる基盤を強化します。

成長戦略も、これまでのように「代わりはいくらでもいる」と人を使い捨てにするようなやり方は通用しません。人手不足が深刻化する中、政治が一人ひとりの全ての人の可能性を引き出す環境をいかに作れるか。日本の可能性はその一点にかかっています。

全ての国民が個人として尊重され、健康で文化的な生活を営むことができる社会。これを実現することで、これからの日本の成長の基盤が作れます。あらゆる分野で政府が一人ひとりを力強く支えることで、日本全体の成長に繋げていく。それが私の考える「人間中心の経済」、ヒューマンエコノミクスです。

かつて自民党王国と言われた地域でも、裏金事件などを受けて「これではさすがに支えきれない」という声が聞こえてきます。国民は今、新しい政治の選択肢を求めています。

次の（衆院）解散・総選挙で、その民意を受け止めるために、立憲民主党は自民党に代わる「新たな時代の国民政党」へと進化しなければなりません。これまで自民党を支持してこられた方々を含めて、幅広く民意を包摂――抱え込める――国民政党にならなければならない、そう考えています。

自分自身の反省も含めて、これまでの立憲民主党は、ともすれば永田町の内側の他の政党との関係ばかりが注目されてきました。こうした状況では、立憲民主党が何をしたい政党なのか、そして本当に国民の皆さんの側を向いた政党なのか、どうしても伝わりにくい面がありました。

立憲民主党は政治腐敗を一掃する政党です。賃金を上げ、公共サービスを充実させる政党です。地域の人たち、真面目に働く人たち、新しい挑戦をする人たちを応援する政党です。そして「人間中心の経済」という新しい時代のビジョンを掲げ、国民政党へと進んでいきます。

大都市から農村漁村に至るまで、立憲民主党が一体何を目指す政党なのか、地に足をつけて訴える。「新たな国民政党」への道は、これに尽きると考えています。

新しい政治の選択肢を求める民意をより幅広く受け止める。そのために、政党間の連携のあり方についても、これを再構築します。

これまでの与野党とか、永田町の内側の組み合わせとかいう狭い世界に閉じこもっているように見られては、幅広い国民の皆さんを包み込むことはできません。特定の政党と全国一律で協力関係を結ぶのではなく、これまで自民党を支持しながら、今の自民党に呆れ、怒っている皆さんを含め、より幅広い民意を包み込む。このことを目指してまいります。柔軟で現実的な枠組みを構築し、とことん立憲民主党のビジョンを高く掲げ、地に足をつけた訴えをさらに強力に進めていくことで、新しい国民政党へと進化します。

もちろん、国会対策をはじめとして、他の政党との十分なコミュニケーションや信頼醸成は欠かせません。小選挙区制度である以上、選挙区で最大限一騎打ちの構造をつくる、その姿勢も一貫して変わりません。我が党との協力を考えてくださる皆さんについては、(旧)統一教会のような反社会的勢力や利権がらみでない限り、どなたでも歓迎なのは当たり前です。個別の選挙区、それぞれの地域において、最も自民党に勝てる連携の形を模索します。それを党本部として全力でバックアップし、適切にマネージメントしてまいります。

しかし、かつて「安倍1強」と言われた自民党にどう抵抗するのかが、野党に求められていた状況とは大きく変わり、自民党に代わる政権の選択肢が求められている。その状況に対応して、立憲民主党は今こそ、主体的で開かれた党、自らの力強さを示すことで「新しい国民政党」へと脱皮する時だと考えています。

この3年間、一議員として全国の様々な地域を回りました。能登半島の被災地にも伺いました。たくさんの人たちが取り残されている。いざという時に政治がその役割を果たせていない。かつて官房長官として経験した東日本大震災のことも思い返し、情けなく、申し訳ない気持ちになりました。ここで立ち止まり、足踏みをしている場合ではない。そう強く感じました。

「失われた30年」の責任は間違いなく、我々野党にもあります。まっとうな政権の選択肢を作ることができず、健全な政権交代が定着する環境を作れなかった。その反省と教訓は、私の胸に深く刻まれています。

今回の立候補については、私自身にも躊躇する思いがなかったと言えば嘘になります。しかし、大きな分岐点を迎えた日本の危機を前に、1人の政治家として逃げるわけにはいかない。立憲民主党としても、この局面で本気の、全力の党内議論ができなければ、最大野党としての責任は果たせない。

熟慮している間、ある方から「今出馬しても何の得にもならないのではないか」という趣旨のことを言われたことがあります。その時「政治は損得でやるものではない」と改めて気づかされました。

こんな重大な時に、自分の損得勘定で出馬を見送るようでは、日本の政治を変えることなどできない。永田町の内向きの事情ではなく、正念場を迎えた日本のために、今、国民の皆さんに向けて、外側に開いて、選択肢を示さなければならない。そう思うに至りました。

「人間中心の経済」、ヒューマンエコノミクスを実現する。一人ひとりに寄り添う「まっとうな政治」への転換を成し遂げる。その先頭に立ち、次の世代が力を最大限に発揮できるようバトンを引き継ぐ。それが私に課せられた使命だと考えています。

私の経験や力、政治家として培った全てを注いで、次の世代のため、新しい時代を切り開く、その先頭に立ちたい。その思いで今回の立候補を決意した次第であります。皆さん、どうぞよろしくお願いをいたします。

ヒューマンエコノミクス「人間中心の経済」を実現する八つの政策

私が掲げる政策ビジョン、「人間中心の経済」、ヒューマンエコノミクスについて、簡単にご説明いたします。詳細については、記者の皆さんには既に配布をさせていただいているかと思います。ネットなどでご覧の皆さんには、私のホームページで全文を公開していますので、ぜひご覧いただければと思います。

今から申し上げる八つの政策の柱を実現することで、全ての国民が、個人として尊重され、健康で文化的な生活を営むことができる社会をつくる。これこそが私、枝野幸男が描く新時代の日本の青写真です。

①人の可能性を拓く投資

一つ目の柱は、人の可能性を拓く投資です。

人口減少社会の中では、高い付加価値を持つ商品やサービスを生み出していかなければなりません。日本の成長は、一人ひとりの可能性や能力を最大限引き出せるかどうかにかかっています。多様な教育の機会を広げていくとともに、イノベーションのための基礎研究へ大胆に投資し、大学や研究機関における研究者個々人の取り組みを手厚く支えます。ＡＩなどの先端技術開発や、芸術文化、コンテンツ産業などに、予算を重点配分いたします。

②地域経済を活かす投資

二つ目の柱は、地域経済を活かす投資です。

「人間中心の経済」を支える基盤は、それぞれの地域にほかなりません。日本列島全体で、水平的、かつ分散型の自律的経済圏を作り出します。エネルギーと食料の国内自給を飛躍的に高め、気候危機対策の観点も含め、省エネ・再エネへの大規模投資を進めます。

③国民所得の底上げ

三つ目の柱は、国民所得の底上げです。

手取り収入の伸び悩みが国内需要を低迷させ、市場全体を縮こませています。賃上げ税政を含め、既存の政策をフル活用した上で、さらに最低賃金や介護、保育、教育の現場の賃金など、政府が決定権を持つ分野を突破口に、幅広く持続的な賃上げをけん引します。非正規雇用の処遇を引き上げるとともに、雇用全体の正規化に道筋をつけます。

④支え合う社会制度の拡充

四つ目の柱は、支え合う社会制度の拡充です。

老後や子育てなど、暮らしの不安は、手取り収入の伸び悩みとならんで、経済低迷の主要因です。いざという時を支えるベーシックサービスを拡充し、その財源として、税の累進性を強化します。消費税の逆進性対策として、無収入層から中間層まで幅広く負担を軽減する還付制度、いわゆる「給付付き税額控除」による「戻し税」を導入します。

⑤個人の選択肢の拡大

五つ目の柱は、個人の選択肢の拡大です。

特定の価値観を押し付けられることなく、誰もが生きやすい社会をつくる。それがより多彩な成長の幅広い基盤になると確信します。選択的夫婦別姓の実現は当然のこと、同性パートナーが望めば結婚できるようにします。ジェンダー平等実現に向けて政策を総動員するとともに、性と生殖の健康権利、いわゆるセクシャル・リプロダクティブ・ヘルス／ライツを実現します。障がいや国籍などで差別されない社会をつくります。

⑥現実的な外交・安全保障

六つ目の柱は、現実的な外交・安全保障です。

外交を通じて戦争を未然に防ぐという、政治の最大の役割を果たします。日米同盟を基軸に置きながら、日本を取り巻く国々との対話外交を試みます。安全保障については、日米安全保障体制を基盤としつつ、専守防衛の基本に立ち返り、地に足を着けて防衛力の実効性を高めます。特に、定員割れが常態化している自衛官について、処遇・待遇を底上げして、現実的な防衛力の強化を目指します。

⑦災害危機に機能する政府

七つ目の柱は、災害危機に機能する政府です。

「災害に強い国づくり」を国の最重要課題に位置付け、常設の即応体制の整備、専門人材の育成など、政府の備えを抜本的に強化します。東日本大震災の時に官房長官として対応にあたった知見も活かし、防災災害対策モデルをさらに、常に更新し続けます。

⑧民主主義のアップデート

八つ目の柱は、民主主義のアップデートです。

政治分野から行政分野まで、閉ざされた内向きの論理を超えて、国民、納税者の視点に立った改革を進めます。「情報公開」という哲学のもとに、透明化を徹底し、国民が「知って評価できる」仕組みを確立します。少なくとも、企業・団体献金と政治資金パーティーに関連して、1円単位での公開を速やかに実現します。多様化する民意を反映できるよう、投票率を引き上げ、死票を少なくする方向で、選挙制度の検討を進めます。表現の自由や学問の自由を確保し、多様で活力ある市民社会と公共空間を創造します。

以上が私の考える「人間中心の経済」、ヒューマンエコノミクスの八つの柱であります。この政策の柱を軸にしながら、さらに政策議論を展開してまいりたいと思っています。

2024年9月23日　立憲民主党代表選挙　演説（第1回投票）

代表候補の枝野幸男です。私からも能登の皆さんをはじめ、豪雨災害で亡くなられた皆さんにお悔やみを申し上げますとともに、被害に遭われた皆さんに心よりお見舞いを申し上げます。

過日、能登をお訪ねした時にも感じました。東日本大震災の教訓が全く生かされていない。それどころか、後退をしている。

そんな厳しい中で、復旧に向けて頑張ってこられた皆さんが、さらなる追い打ちをかけられている。私は悔しくて仕方がない。まっとうな政治で、まっとうな防災対策を進めていくためにも、改めて政治を変えなければならないと決意をいたしております。

さて、この代表選挙で論戦をともにしてきた3人の候補者の皆さん。選挙管理委員をはじめとして各地で代表選挙の運営にご尽力いただいた皆さん。既に投票された党員・サポーター、そして自治体議員の皆さん、ここに今日集う仲間の皆さん。全ての皆さんに、まずは御礼を申し上げます。本当にありがとうございます。

私達は裏金問題などに正面から向き合い、政治への信頼を取り戻さなければなりません。しかし、問われているのはそれだけではありません。家計と中小事業者を苦しめる著しい物価高、株の乱高下、経済が低迷し続けた「奪われた30年」とアベノミクスの副作用によって、暮らしと経済が危機的な状況に追い込まれています。

この10年あまり「自民党も駄目だけど、それに代わる野党がない」と言われてきました。政治不信は人ごとではなく、私達にも大きな責任があります。今こそ立憲民主党が「新たな国民政党」へと成長し、国民の期待を受け止め、政治不信を克服しなければなりません。私達こそが正念場であります。

今立ち上がらなければ、政治も暮らしも経済も、取り返しのつかない事態に陥ってしまう。その危機感で、私はこの代表選挙に立候補させていただきました。

この3年間、各地で生の声を聞いてきました。3人の子育てをしながら非正規で働くシングルマザー。肥料や燃料の値上がりで苦しんでいる米作農家。奨学金の返済に苦しむ若者。家族の介護で仕事を辞めざるを得なくなった会社員。

私自身も、双子の高校生を持つ父親です。次男は誰に似たのか、地下アイドルを追いかけています。長男は軽度の知的障がいがあり、通信制高校で学んでいます。

先日、1人では外出もままならなかった長男が、初めて親の手を離れ、2泊3日のスクーリングに出かけていきました。我が子の成長を嬉しく思うとともに、いつか私がいなくなった後、彼らは、特に障がいを持つ長男がこの社会で、無事生きていけるだろうか、不安がよぎります。

私自身の中にもある、日々の幸せや不安。政治は本来、そうした国民の不安に寄り添い、国民の幸せを守り抜くためにあるはずです。

人間中心の経済、ヒューマンエコノミクス。その中身は、この間にうかがってきたさまざまな暮らしの声に基づいています。政治不信の根っこにあるのは、こうした日々の暮らしに関する切実な声です。地元で活動を重ねてきた仲間の皆さんは、誰よりもそのことを知っていると思います。

永田町の内側を向いた合従連衡ではなく、国民一人ひとりとつながることによってこそ、政治を変える力が生み出されます。

国民の皆さんが求めているのは、右とか左とか保守とかリベラルとかいう古いレッテルではありません。暮らしに寄り添った、未来に向けたビジョンと、信頼に値する選択肢です。

明確な旗を掲げましょう。大都市から農山漁村に至るまで、暮らしの声に寄り添った私達のビジョンと政策を、自信を持って力強く訴えようではありませんか。


ここには、政権運営の教訓を知る皆さん、苦しい中で実績を積んだ中堅、野党を選んだ気概ある若手、多様な人材が集結しています。私自身、さまざまな経験を積み、総理を務める準備はできています。


しかし、私1人では何もできません。皆さん、その力を結集し、立憲民主党を前に進めましょう。政権を担える国民政党へと、立憲民主党をさらに前進させましょう。政治不信を克服し、暮らしと経済の危機を乗り越えましょう。

私達はできる。私達は成し遂げなければならない。


私は、ここに集う全ての皆さんとスクラムを組み、その力を引き出し、国民の皆さんに寄り添いながら、時代の先頭に立って、前へと進んでまいります。

皆さん、どうぞ私に力を貸してください。そしてともに前へと進んでいきましょう。

枝野幸男、全身全霊をかけて新しい時代を切り開きます。どうぞよろしくお願いいたします。

2024年9月23日　立憲民主党代表選挙　演説（決戦投票）

改めまして、枝野幸男です。決選投票まで押し上げていただいた皆さんに、まずは御礼を申し上げます。本当にありがとうございます。ここまで実りある論戦を重ねていただいた、泉健太さんと吉田晴美さんに心より敬意を表し、御礼を申し上げます。どうもありがとうございました。

元総理とこうして決選投票に臨めることを、大変光栄に思っております。

太平洋戦争の末期、鈴木貫太郎総理は、抵抗する軍部とぶつかりながら、文字通り命がけで終戦を成し遂げました。その後の戦後復興と高度成長は、古く、暗い時代を終わらせた鈴木総理の決死の覚悟と、したたかな政治力があったからに他なりません。

私達も今、歴史の分かれ道にいます。表紙を変えるだけで「奪われた30年」を延命させるのか。裏金問題などにふたをして、政治不信をさらに募らせ、民主主義そのものの基盤を失っていくのか。そんな明日を絶対に許してはなりません。

この3年、立憲民主党は、泉代表による明るく包容力あるリーダーシップのもと、着実に一歩ずつ前進をしてきました。泉代表のこの間のご尽力に、改めて敬意と感謝を申し上げます。ありがとうございました。

私達は今こそ、ここまでの歩みをさらに前へ進め、本格的に政権を担える「新たな国民政党」へとさらに進んでいかなければなりません。経験不足で期待に応えられなかった民主党政権。バラバラでまとまりきれなかった「多弱」の野党。それぞれの立場で苦悶した希望の党騒動。こうした経験と教訓を生かしつつも、旧立憲や民進党を振り返るのではない、ましてや、かつての古い民主党に戻るのでもない。求められているのは、未来に向けた新たな前進であります。

ぶれたり、後戻りするわけにはいきません。歴史の分かれ道で、私達の使命を果たすため、理念とビジョンを高く掲げ、前へと進んでいこうではありませんか。

終戦を成し遂げた鈴木貫太郎内閣の時代とは異なり、今の日本には民主主義があります。1人の力では、少人数の力では、日本の危機を乗り越えることができません。

政権運営の厳しさを知る経験豊かな皆さん。困難な中で屋台骨を支えてきた中堅の皆さん。志一つで勇気を持って挑戦してくれた若手の皆さん。地域で懸命に活動してきた自治体議員の皆さん。党員、サポーター、パートナーズの皆さん。さらには、今日も裏方で支えてくれる人たちがたくさんいます。秘書や職員の皆さん。

私は仲間の誰も見捨てません。こうした皆さん全ての力を結集することでこそ、初めて古い時代の壁を打ち破り、危機を克服して、新しい時代を切り開くことができるのではないでしょうか。


今日この瞬間、ここに集っているのは、来たるべき新たな時代を切り開くために他なりません。その歴史的な使命をともに胸に刻み、前へと進もうではありませんか。

高校生になった私の双子を含め、今の若い世代は間もなく、戦後１００年という歴史の節目を迎えるでしょう。彼らはその時、どんな日本を生きているのか。その未来は、この瞬間を生きている私達の選択にかかっています。


私は「奪われた30年」の、人間を使い捨てにする経済と社会に終止符を打ち、新しい人間中心の経済、人間中心の社会、ヒューマンエコノミクスを打ち立てたいと思っています。

根深い政治不信の目は、私達にも注がれています。決して簡単な道ではありません。だからこそ、立憲民主党が誰よりもまっすぐに、国民の声とつながらなければなりません。直前に迫る総選挙から来年の参議院選挙まで見据えて、政権を担える「新しい国民政党」となり、政治の転換を本格的に実現しましょう。みんなの力があれば成し遂げられる。私達は必ず成し遂げる。

私は尊敬する鈴木貫太郎総理と同じように、命がけで先頭に立ちます。でも私は1人ではない。頼れる、信頼する仲間たちがいます。皆さんと一緒に、ぶれることなく前に進みます。人間中心の経済を、社会全体で支え合う「もっと良い未来」を切り拓いてまいります。

ぜひ皆さん、一緒に進みましょう。ぜひ私に力を貸してください。どうぞよろしくお願いいたします。ありがとうございました。

おわりに

尾中香尚里

筆者は日本の政治について、何でもかんでも書きまくるタイプの物書きではない。毎日新聞政治部時代は、自民党取材の経験がほとんどない、事実上「野党専従」の記者だった。自民党を書く能力もなければ、その気力もない。

しかし、衆院に小選挙区制度が導入されて以降の「平成の政治」を振り返れば、筆者にとっては野党の方が、取材対象としてずっと魅力的だった。

自民党が小泉純一郎、安倍晋三両氏の強力な権力で一色に塗り込められる一方で、その他多くの政治家が存在感を失い、かつての政治のダイナミズムを失うなかで、野党第1党の民主党は過去に経験したことのない「政権政党となる」という目標に向けひた走り、13年かけて政権交代を実現した。民主党政権は政権運営の未熟もあって大きくつまずいたが、3年3カ月で野党に転落した後、新たに結党した立憲民主党が紆余曲折を経ながら、再びの政権交代に向けて歩みを進めている。

途中経過における数多くの失敗も含め、その大きなドラマは取材者としての筆者を惹きつけてやまなかった。彼らの歩みに伴走したことは、一記者としての立場を超えて、筆者個人の人生に、今も大きな影響を与え続けている。

筆者の野党取材の中核に位置していたのは、民主党を結党し、政権交代という大きな功績を残した菅直人元首相と、菅氏の政権で官房長官を務め、後に立憲民主党を結党した枝野幸男氏の二人だった。

政治記者として駆け出しだった1996年、菅氏は厚相として、薬害エイズ問題で国の責任を認め謝罪して国民の大きな支持を集め、一気に政界の表舞台に躍り出た。当時新人議員ながら、菅氏とともにこの問題に懸命に取り組んでいたのが枝野氏だ。

菅氏はこの年の秋、鳩山由紀夫氏とともに新党「民主党」を結党し、枝野氏は新人議員として同党に参加した。当時厚生省（現厚生労働省）担当として薬害エイズ問題における菅氏の対応を取材していた筆者は、菅氏について行く形で、同党の初代担当記者となった。この後民主党への政権交代（2009年）、菅氏が首相、枝野氏が官房長官として直面した東日本大震災と東京電力福島第1原発事故（2011年）、そして民進党（民主党から改称）を事実上の解党に追い込んだ「希望の党騒動」と、それに伴う枝野氏の立憲民主党結党（2017年）に至るまで、筆者は菅氏と枝野氏の歩みを、30年近くにわたり追いかけることとなった。
2人の歩みを軸に、自らが見てきた野党の歩みと日本政治の歴史を書き残す。そんな目標を自らに課して、筆者は2019年に毎日新聞社を離れた。

枝野氏については毎日新聞在籍当時の2018年に、後輩記者との共著で、立憲民主党結党劇のドキュメント『枝野幸男の真価』(毎日新聞出版)を発表している。2021年に枝野氏が同党の代表を辞任した時から、結党から代表辞任まで4年間の枝野氏の歩みを追う著作を、言わば『枝野幸男の真価』の続編の位置づけで発表したい、との思いは持っていた。

ただ、この時点で筆者は、前著『野党第1党~「保守2大政党」に抗した30年~』(現代書館)の執筆を抱えていた。構想を頭に置いたまま、書籍化は長く手つかずにしてしまった。

2023年の秋にようやくこの本が完成し、枝野氏とともに出版記念トークイベントを行った時(本書第2章参照)、ふとこの構想がよみがえった。第1章でも取り上げた「枝野ビジョン2023」も発表されたばかり。この段階で、代表辞任後も含めた枝野氏の考え方をまとめておく意義はあるのではないか、と考えたのだ。この間、インタビューや対談などで枝野氏の言葉をかなり聞いてきたこともあり、それを可能な限り生かす形での構成とした。

例によって筆者の作業が遅々として進まず、企画段階から出版まで長くかかってしまった。関係の皆さまには申し訳ない思いしかない。しかし、自民党と立憲民主党のダブル党首選から衆院解散・総選挙に至る目まぐるしい政治の動きの中で、立憲民主党への関心が再び高まりつつある状況での出版となったことは、結果として良かったのだ、と考えることとしたい。

本書は、前著『野党第1党』の姉妹書的な位置づけもある。筆者の手で「平成の野党史」を振り返った前著に加え、「平成の野党史」にもまれながらキャリアを積んだ枝野氏の「生の言葉」を集めた本書を合わせてお読みいただくことで、自民党史観に凝り固まった日本の政治への見方を、ほんの少しでも「揺らす」ことができるなら、筆者にとってこれほどの喜びはない。

最後になったが、本書の企画を快く承諾してくださった枝野氏に、心からお礼を申し上げたい。政治家と記者の違いはあるが、生まれた年も永田町に入った時期も1年違い。「平成の政治」の激流のなか、それぞれの立場で互いに苦闘してきた。筆者にとっては、時に厳しく対峙すべき取材相手であると同時に、どこか同志的な気持ちを抱ける政治家の一人である。枝野氏がどんな「令和の政治」を切り拓くのか、今後もその政治活動を見守り続けたい。

前著に続き遅筆を極めた筆者を辛抱強く待ち続け、的確な指示を与えてくださった現代書館の須藤岳さん、素晴らしい装幀をしていただいた伊藤滋章さん、今回も執筆に七転八倒する筆者を励まし続けてくれた家族や友人、仕事先の皆さんにも、改めて謝意を申し上げたい。そして、本書の脱稿直前に旅立った母、尾中幹子《よしこ》の墓前に、出版が間に合わなかったおわびとともに、本書を捧げたいと思う。

尾中 香尚里

2024年10月

■初出一覧

第1章
プレジデントオンライン2023年8月29日
なぜ「政権交代」は響かない言葉になったのか
…枝野幸男が考える「立憲民主党と旧民主党の決定的な違い」
プレジデントオンライン2023年8月30日
自民党は「家族の崩壊」という現実から目を背けている
…枝野幸男が「昭和の政治を終わらせたい」と訴えるワケ

第4章
週刊金曜日2020年10月9日（1299）号
新立憲民主党は何が違うのか

本書の第1章と第4章は、以上の記事に加筆修正、改題をおこない、編集しました。

枝野幸男　えだの・ゆきお

1964年、栃木県宇都宮市生まれ。東北大学法学部卒業。91年に弁護士登録。93年に日本新党より立候補し衆議院議員初当選。新党さきがけを経て民主党結成に参画。民主党政権で官房長官、経済産業大臣等を歴任。2017年、立憲民主党を設立。著書『枝野ビジョン――支え合う日本』（文春新書）、『叩かれても言わねばならないこと。――「脱近代化」と「負の再分配」』（東洋経済新報社）など。

尾中香尚里　おなか・かおり

1965年、福岡県生まれ。早稲田大学第一文学部卒業後、1988年に毎日新聞社に入社し、政治部で野党を中心に取材。同部副部長として東日本大震災と東京電力福島第一原発事故における菅直人政権の対応を取材した。著書『安倍晋三と菅直人――非常事態のリーダーシップ』（集英社新書）、『野党第1党――「保守2大政党」に抗した30年』（現代書館）。共著『枝野幸男の真価』（毎日新聞出版）。

素志《そし》を貫《つらぬ》く　枝野幸男《えだのゆきお》インタビュー集《しゅう》

2024年11月30日　第1版第1刷発行

著者　枝野幸男・尾中香尚里
発行者　菊地泰博
発行所　株式会社現代書館
〒102-0072　東京都千代田区飯田橋3-2-5
電話03（3221）1321　FAX03（3262）5906　振替00120-3-83725
http://www.gendaishokan.co.jp/

組版　具羅夢
印刷所　平河工業社（本文）　東光印刷所（カバー・表紙・帯・別丁扉）
製本　鶴亀製本
装幀　伊藤滋章

校正協力・高梨恵一
 ISBN978-4-7684-5971-3
定価はカバーに表示してあります。乱丁・落丁本はおとりかえいたします。

現　代　書　館

野党第1党

「保守2大政党」に抗した30年

尾中香尚里 著　　2000円＋税

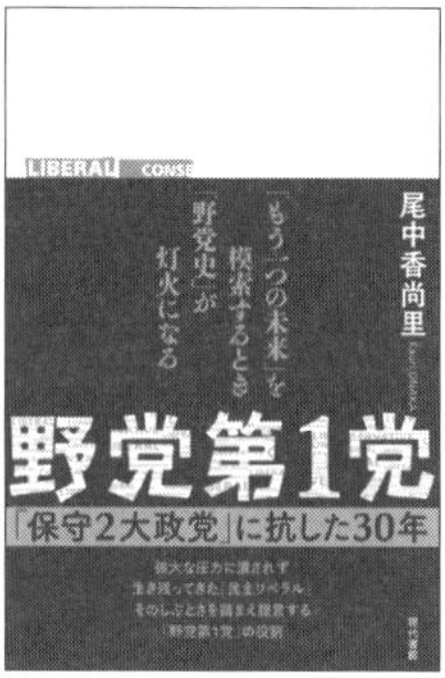

「非自民」の細川連立政権が誕生した1993年から30年。この間、常に「保守2大政党」を志向する言説が、リベラル勢力に強い圧力をかけてきた。それに抗してリベラル勢力が一定の陣地を確保できた理由を探り、「公器」としての野党第1党の重要な役割を考察する。

国家方針を転換する決定的十年

新自由主義から社会的共通資本へ

田中信一郎 著　　1700円＋税

民主主義と地球環境を左右する「決定的十年」の2020年代。日本の有権者に国家方針を選択する機会が訪れた。「新自由主義」の継続か、「社会的共通資本」への転換か。二大選択肢を、与党ブロックと野党ブロックの国家観、国民観、社会観、経済観を踏まえ丁寧に解説する。

政権交代が必要なのは、総理が嫌いだからじゃない

私たちが人口減少、経済成熟、気候変動に対応するために

田中信一郎 著　　1700円＋税

人口減少時代を迎え、従来の経済認識やアプローチの転換が不可欠であることを丁寧に説き、現代日本の諸論点について現実の分析に基づいた実践的な対応策を盛り込む。新自由主義との訣別によって拓かれる新たな経済政策と社会のビジョンを鮮やかに提示している。